Sri Chinmoy

Manual
de
Meditación

EDICIONES OBELISCO

Si este libro le ha interesado y desea que le mantengamos informado de nuestras publicaciones, escríbanos indicándonos qué temas son de su interés (Astrología, Autoayuda, Ciencias Ocultas, Artes Marciales, Naturismo, Espiritualidad, Tradición) y gustosamente le complaceremos.

Colección La Aventura Interior
Manual de Meditación
Sri Chinmoy

1.ª edición: julio de 1995
2.ª edición: noviembre de 1996

© 1995 by Sri Chinmoy (Reservados todos los derechos)
© 1995 by Ediciones Obelisco, S. L. (Reservados todos los derechos para la lengua española)
Edita: Ediciones Obelisco, S. L.
Pedro IV, 78 (Edif. Pedro IV) 4ª planta 5ª puerta 2ª Fase
08005 Barcelona - España
Tel. (93) 232 44 30 - Fax (93) 232 75 53
Castillo, 540, Tel. y Fax 771 43 82
1414 Buenos Aires (Argentina)

Depósito Legal: B. 44.801 - 1996
I.S.B.N.: 84-7720-426-8

Printed in Spain

Impreso en España en los talleres de Romanyà/Valls, S. A.
de Capellades (Barcelona)

NOTA PRELIMINAR

La mayor parte del texto en este libro, está extraído de charlas espontáneas y respuestas a preguntas que Sri Chinmoy ha dado en los últimos veinticinco años. A éstas se han intercalado algunos de sus poemas y aforismos.

Al seleccionar y organizar el material, hemos intentado reflejar intereses básicos de todos aquellos que se han embarcado en el viaje de la meditación. La sección especial «Cómo lograrlo» está pensada para ayudar a desarrollar la propia práctica, especialmente al principiante.

Al usar este libro se ha de tener en cuenta que la misma pregunta puede ser contestada de muy diferentes maneras, dependiendo de quién hace la pregunta y de las circunstancias particulares del momento. Aunque hemos intentado elegir las respuestas más generales, quizá cada respuesta no se pueda adaptar al caso específico del lector. Ante la duda, la mejor autoridad es el propio corazón. Este libro está pensado para inspirar y guiar, no para establecer reglas.

Esperamos que te sirva como un valioso amigo en tu búsqueda espiritual.

PRÓLOGO

En un mundo donde pocos se sienten totalmente cómodos, Sri Chinmoy ofrece un plan para la supervivencia del mundo y el alma.

El profundo amor por Dios de Sri Chinmoy es conocido a lo ancho y largo del mundo. Altamente respetado como una fuerza por la paz en las Naciones Unidas, este humilde autor, guiado por Dios, pide a la gente de este planeta que miren dentro de sí mismos, que redescubran las verdades esenciales de la espiritualidad, que tanto han bendecido su propia y extraordinaria vida.

Sri Chinmoy sugiere que la meta de la vida espiritual es la autotrascendencia. Mientras el hombre se estira hacia Dios, Dios en cambio se agacha hacia el hombre. La conexión sucede y profundiza según cada persona aspira por abrirse a la Luz, a la Voluntad de Dios y a un estado superior de conciencia.

Sri Chinmoy cree en la reencarnación. Expresa claramente la noción de que el alma progresa a un estado superior en cada encarnación. Basa sus enseñanzas en la meditación y anima a sus lectores a adoptar una «alegre aceptación del mundo con vistas a transformar el destino y el rostro del mundo». Él llama a los Occidentales a evitar «poseer el mundo» mientras anima a los Orientales a ver que «la austeridad no es la respuesta».

Sri Chinmoy no huye de las exigencias de la vida cotidiana. Mientras promueve el crecimiento del alma y la paz interior, sigue una larga tradición de maestros que imploran a los buscadores de la verdad que muestren y vivan una vida de «dinamismo» transformativo de este mundo.

El nombre Chinmoy, que significa «lleno de conciencia divina», revela la misión de esta profunda alma. Él vive para ser un incondicional instrumento de Dios. Él confía en Dios. Hay una simpática unidad con Dios y la gente en todas sus reflexiones. Mientras tiene una profunda confianza en Dios, sus tranquilas reflexiones retratan una urgencia que exclama a la humanidad: «¡Despierta! ¡Crece más profundo! Ama de manera que "se haga la Voluntad de Dios"».

En una época en que el estrés es real y es difícil encontrar el tiempo suficiente para rezar, Sri Chinmoy me recordó que situando a Dios en el centro de mi vida, mi trabajo y mis oraciones me ayudarán a hacer de éste un mundo mejor y más pacífico y a llegar a ser la persona de fe y amor que se supone que debo ser.

Monseñor Thomas J. Hartman
Director de Radio y Televisión
Diócesis de Rockville Center, Nueva York

Capítulo 1

LA MEDITACIÓN:
EL LENGUAJE DE DIOS

La meditación nos dice sólo una cosa:
Dios es.
La meditación nos revela sólo una verdad:
nuestra es la visión de Dios.

¿Por qué meditamos?

¿Por qué meditamos? Meditamos porque este mundo nuestro no ha podido satisfacernos. Lo que llamamos paz en nuestra vida cotidiana es lo que sentimos por cinco minutos después de diez horas de ansiedad, preocupación y frustración. Continuamente estamos a merced de las fuerzas negativas que nos rodean: la envidia, el miedo, la duda, la preocupación, la ansiedad y la desesperación. Estas fuerzas son como monos. Cuando se cansan de mordernos y descansan cinco minutos, entonces decimos que estamos disfrutando la paz. Pero esto no es la verdadera paz, y muy pronto nos atacarán de nuevo.

Solamente a través de la meditación podemos obtener

paz duradera, paz divina. Si meditamos devotamente por la mañana y recibimos paz por tan sólo un minuto, ese minuto de paz permeará nuestro día entero. Y cuando tengamos una meditación del más alto calibre, entonces recibiremos abundante paz, luz y deleite. Necesitamos la meditación porque queremos crecer en la luz y colmarnos en la luz. Si ésta es nuestra aspiración, si ésta es nuestra sed, la meditación es el único camino.

Si nos sentimos satisfechos con lo que tenemos y con lo que somos, entonces no es necesario que entremos en la práctica de la meditación. La razón por la cual entramos en la meditación es porque tenemos un hambre interna. Sentimos que dentro de nosotros hay algo luminoso, algo vasto, algo divino; algo que necesitamos muchísimo, pero a lo que ahora mismo no tenemos acceso. Nuestra hambre interna viene de nuestra necesidad espiritual.

La meditación no es un escape

Si entramos en la vida de la meditación para escapar del mundo y olvidarnos de nuestros sufrimientos, estamos haciéndolo por una razón equivocada. Si entramos en la vida espiritual porque estamos frustrados o insatisfechos, es posible que no permanezcamos mucho tiempo. Hoy no he podido satisfacer mis deseos, así que no estoy satisfecho con el mundo. Pero mañana diré: «Déjame intentarlo de nuevo. Quizás ahora conseguiré satisfacción». Antes o después veremos que la vida del deseo no nos dará satisfacción. Sentiremos la necesidad de entrar en la vida interna. Esto es la aspiración.

¿Que es la meditación? La meditación es el auto-despertar en el hombre y el auto-ofrecimiento de

Dios. Cuando el despertar del hombre y el ofreci-
miento de Dios se encuentren, el hombre será in-
mortal en el mundo interno y Dios será colmado en
el mundo externo.

En la vida de aspiración, queremos sólo a Dios. Si queremos a Dios sinceramente, Él naturalmente se ofrecerá a nosotros. Pero lo hará a Su propia manera y en Su debido momento. Si oramos y meditamos con aspiración sincera por ciertas
cualidades, aun si Dios no nos las da, estaremos satisfechos.
Simplemente diremos: «Él sabe lo que es mejor. Ahora mismo no estoy preparado para estas cosas. Pero sin duda me las
dará cuando yo esté preparado». En la vida de aspiración, la
satisfacción no la encontramos en nuestros logros sino que la
aspiración misma es nuestra satisfacción.

Esfuerzo y aspiración conscientes

La espiritualidad no se puede lograr a la fuerza. No
podemos forzar la luz espiritual a que descienda por las
buenas o por las malas. Cuando descienda, solamente a
través de la intensidad de nuestra aspiración podremos recibirla. Si tratamos de forzar la luz a descender más allá de
nuestra capacidad, nuestra vasija interna se romperá. ¿Cómo
recibimos esta luz de lo alto? ¿Cómo expandimos nuestra
conciencia para que nuestra receptividad aumente? La respuesta es la meditación.

La meditación no significa sentarse en silencio cinco o
diez minutos. Requiere esfuerzo consciente. Hay que aca-
llar y tranquilizar la mente. Al mismo tiempo, la mente
tiene que estar alerta para no dejar entrar pensamientos o
deseos que la distraigan. Cuando podamos calmar la mente, sentiremos que una nueva creación amanece dentro de

nosotros. Cuando la mente está tranquila y vacía, y toda nuestra existencia se convierte en un receptáculo vacío, nuestro ser interno puede llenarse, invocando la paz, la luz y el deleite infinito. Esto es la meditación.

🪷 *La meditación es el lenguaje de Dios. Si queremos conocer la Voluntad de Dios en nuestra vida, si queremos que Dios nos guíe, nos dé forma y que Él sea satisfecho en y a través de nosotros, entonces la meditación es el lenguaje que debemos usar.*

Cuando pensamos que somos nosotros los que estamos intentando meditar, la meditación parece complicada. Pero la verdadera meditación no la hacemos nosotros. Es el Supremo, nuestro Piloto Interno, quien la hace. Él está meditando constantemente dentro y a través de nosotros. Somos sólo un recipiente que recibe plenamente y se llena con toda Su Conciencia. Comenzamos con nuestro esfuerzo personal, pero una vez que profundizamos, vemos que no es nuestro esfuerzo lo que nos permite entrar en la meditación. Es el Supremo quien está meditando en y a través de nosotros con nuestro consentimiento y conocimiento consciente.

El alma de cada persona tiene su propia manera de meditar. Mi manera de meditar no te servirá a ti, y tu manera de meditar no me servirá a mí. Hay muchos aspirantes cuya meditación no es fructífera porque no están haciendo la meditación apropiada para ellos. Si no tienes un Maestro espiritual que pueda orientarte, tienes que ir profundamente dentro de ti y obtener tu meditación en lo más íntimo de tu corazón.

Esto es muy difícil para un principiante. Tienes que ir dentro, muy dentro de ti mismo y ver si oyes una voz, un pensamiento o una idea. Entonces tienes que profundizar dentro de esta voz o idea y ver si te da un sentimiento de

gozo interno o de paz, donde no existan preguntas, problemas ni dudas. Sólo cuando obtengas este tipo de sentimiento podrás saber que escuchaste tu verdadera voz interna, la cual te ayudará en tu vida espiritual.

Si tienes un Maestro realizado, su mirada silenciosa te enseñará cómo meditar. Un Maestro no tiene que explicar externamente cómo meditar o darte una técnica específica de meditación. Simplemente meditará en ti e internamente te enseñará cómo meditar. Tu alma entrará en su alma y aprenderá de ella. Todos los verdaderos Maestros espirituales enseñan la meditación en silencio.

La meta final de la meditación es establecer nuestra unión consciente con Dios. Todos somos hijos de Dios, pero ahora mismo no estamos conscientemente unidos con Él. Alguien puede creer en Dios, pero esta creencia quizá no es una realidad en su vida, quizá solamente cree en Dios porque algún santo o yogi o Maestro espiritual ha dicho que hay un Dios, o porque ha leído acerca de Dios en libros espirituales. Pero si practicamos la meditación, llegará el día en que estableceremos nuestra unión consciente con Dios. En ese momento, Dios nos dará Su paz infinita, Su luz infinita y Su deleite infinito, y nos convertirá en Su paz, Su luz, y Su deleite infinitos.

Preguntas y respuestas

P. ¿Cómo se medita?

R. Hay dos maneras de meditar. Una manera es silenciar la mente. Un hombre ordinario siente que si silencia su mente, se convierte en un tonto. Siente que si la mente no se usa, la mente lo ha perdido todo. Pero esto, en la vida espiritual, no es cierto. En la vida espiritual, cuando aquietamos la mente vemos que ha despertado en ella una nueva creación, una nueva promesa a Dios. Ahora mismo no hemos cumplido nuestra promesa a Dios; no hemos dedicado totalmente nuestra existencia a Dios. Cuando podamos silenciar la mente, estaremos preparados para complacer y satisfacer a Dios.

Otra manera de meditar es vaciando el corazón. Actualmente el corazón está lleno de turbulencia emocional y problemas causados por el vital* impuro que le rodea. El corazón es una vasija. Ahora mismo esta vasija está·llena de cosas no divinas, cosas que nos limitan y nos oprimen.

Si podemos vaciar el corazón, hay alguien que lo liberará, llenándolo de paz, luz y deleite divinos. Cuando vaciemos nuestro corazón de toda ignorancia, la Luz y la Sabiduría de Dios vendrán y lo llenarán.

P. Si una persona no cree en Dios, ¿puede practicar la meditación?

R. Si una persona no cree en Dios, puede practicar la meditación, pero no va a lograr nada. La meditación es el sendero que lleva a Dios. Si tú no crees en Dios, naturalmente no vas a seguir ese sendero.

P. ¿Es la meditación la más elevada realidad?

R. Puede decirse que, para un principiante, la meditación es la más alta realidad. Pero cuando uno ha llegado a ser un aspirante avanzado, sabe que la meditación tan sólo conduce hacia la realidad más elevada. Si alguien ha vivido en la ignorancia, si nunca ha rezado o meditado ni siquiera un

---

* En el ser vital inferior se origina la ira, la agresividad, el impulso sexual, etcétera.

minuto, para él la meditación es naturalmente la realidad más elevada que su conciencia puede alcanzar. Pero cuando ya ha practicado la meditación durante varios años, sabe que la meditación no es la realidad más elevada. Ésta, es algo que se logra o se llega a ser, caminando por el sendero de la meditación.

P. Según uno evoluciona espiritualmente y logra la realización, ¿cambia el enfoque de la meditación?

R. Después de haber logrado la realización, no es necesario meditar de la misma forma que un aspirante. Cuando alguien ha logrado la realización, que es la unión con Dios, su meditación es continua. Cuando un aspirante ha realizado a Dios, no medita para lograr algo o para trascender algo. Medita para traer paz, luz y deleite a la humanidad o para despertar la conciencia de otros.

Capítulo 2

PRIMERO, LO PRIMERO:
CÓMO COMENZAR

> ❀ *Desde el punto de vista espiritual,
> todo aspirante es un principiante. En el
> momento en que quieres progresar de
> modo constante y continuo, te conviertes
> en un eterno principiante.*

¿Cómo empiezo?

Desde el punto de vista espiritual, todo aspirante es un principiante. Un principiante es aquel que tiene el impulso interno de convertirse en algo cada vez más divino, cada vez más iluminador y cada vez más colmador. En el momento en que quieres progresar constante y continuamente, en el momento en que quieres superarte a ti mismo y entrar en el siempre trascendente más Allá, te conviertes en un principiante eterno.

Si eres un principiante absoluto, puedes comenzar leyendo algunos libros o escritos espirituales. Éstos te darán inspiración. Deberías leer libros escritos por Maestros espirituales en los que tienes fe implícita. Hay Maestros que han logrado la más elevada conciencia y si lees sus libros te inspirarán. Es mejor no leer libros escritos por profesores, eruditos o aspirantes que están todavía en el sendero y no han alcanzado la iluminación. Solamente aquellos que han realizado la Verdad tienen la capacidad de ofrecer la Verdad. De otro modo, es como un ciego guiando a otro ciego.

También es bueno asociarse con personas que ya llevan algún tiempo meditando. Puede que estas personas no estén en posición de enseñarte, pero podrán inspirarte. Incluso si solamente te sientas cerca de ellas mientras meditan, inconscientemente tu ser interno derivará algún poder meditativo de ellas. No estás robando nada, sino que tu ser interno está recibiendo ayuda de ellas, sin tú saberlo externamente.

Al principio no debes ni pensar acerca de la meditación. Sólo trata de reservar cierta hora del día en la cual tratarás de estar tranquilo y callado y sentir que esos cinco minutos pertenecen a tu ser interno y a nadie más. La regularidad es de suma importancia. Lo que necesitas es practicar regularmente a la misma hora.

❀*Cada día hay sólo una cosa que aprender: cómo ser honestamente feliz.*

Algunas técnicas básicas

Para un principiante es mejor comenzar con la concentración. De otro modo, cuando trates de calmar y vaciar la mente, millones de pensamientos desgarbados entrarán en ti y no podrás meditar ni un segundo. Si te concentras, desafías a los pensamientos incorrectos que tratan de entrar en ti. De manera que, al principio, simplemente practica la concentración durante algunos minutos. Más tarde, después de varias semanas o varios meses, puedes intentar la meditación.

Cuando comiences a meditar, trata siempre de sentir que eres un niño. La mente de un niño no está desarrollada. A la edad de doce o trece años, la mente comienza a funcionar a un nivel intelectual. Pero antes de esa edad, un niño es todo corazón. Siente que no sabe nada. No tiene ideas preconcebidas acerca de la meditación y la vida espiritual. Quiere aprenderlo todo de primera instancia.

Primero siente que eres un niño y luego trata de sentir que te encuentras en un jardín florido. Este jardín de flores es tu corazón. Un niño puede jugar en un jardín durante horas. Va de una flor a otra, mas no deja el jardín porque recibe alegría de la belleza y la fragancia de cada flor. Siente que dentro de ti hay un jardín y que puedes permanecer en él todo el tiempo que quieras. De esta manera puedes aprender a meditar en el corazón.

Si puedes permanecer en el corazón, comenzarás a sentir un llanto interno. Este llanto interno, que es la aspiración, es el secreto de la meditación. Cuando un adulto llora, su llanto usualmente no es sincero. Pero cuando un niño llora, aunque esté llorando sólo por un dulce, es muy sincero. En ese momento, el dulce es el mundo entero para él. Si le das un billete de cien dólares, no estará satisfecho; él quiere sólo el dulce. Cuando un niño llora, inmediatamente su madre o su padre acuden a él. Si puedes llorar desde lo profundo de tu ser por la paz, la luz y la verdad y esto es lo único que te dará satisfacción, entonces Dios, tu Padre eterno y Madre eterna, vendrá a ayudarte. Debes tratar de sentir siempre que estás tan desamparado como un niño. En el momento en que te sientas desamparado, alguien vendrá a ayudarte. Si un niño está llorando y perdido en la calle, alguna persona bondadosa le mostrará cómo volver a su casa. Siente que estás perdido en la calle y que está amenazando una tor-menta. La duda, el miedo, la ansiedad, la preocupación, la inseguridad y otras fuerzas no divinas están cayendo sobre ti. Pero si lloras sinceramente, alguien vendrá a rescatarte y mostrarte cómo volver a tu hogar, que es tu corazón. ¿Y quién es ese alguien? Es Dios, tu Piloto Interno.

Temprano por la mañana invita a Dios, tu Amigo, tu verdadero Amigo, tu único Amigo, a caminar contigo el día entero.

El Piloto Interno

Dios puede aparecer con forma y sin forma. Pero durante tu meditación, lo mejor es pensar acerca del Supremo como un ser humano. El principiante debiera siempre meditar en el Dios personal. De otro modo, si tratas de ver a Dios en su aspecto impersonal, te confundirá Su inmensidad. Así que comienza con el Dios personal y de ahí puedes ir al Dios impersonal.

Puede que hoy seas un principiante en la vida espiritual, pero no sientas que serás siempre un principiante. En un momento dado todos hemos sido principiantes. Si practicas la concentración y la meditación regularmente, si eres verdaderamente sincero en tu vida espiritual, progresarás con toda seguridad. Lo importante es no desalentarse. La realización de Dios no viene de la noche a la mañana. Si meditas regular y devotamente, si puedes llorar por Dios como un niño llora por su madre, entonces no tendrás que correr hacia la meta. No, la meta vendrá, se presentará ante ti, y te reclamará como suyo, totalmente suyo.

Cómo lograrlo

1. Sencillez, sinceridad, pureza

Hay varios ejercicios de meditación que un principiante puede intentar. Para el aspirante que quiere entrar en la vida espiritual, la sencillez, la sinceridad, la pureza y la seguridad son de suma importancia. La sencillez es quien te da la paz mental. La sinceridad es quien te hace sentir que eres de Dios y que Dios es constantemente para ti. Tu corazón puro es quien te hace sentir a cada instante que Dios está creciendo, brillando y colmándose dentro de ti. Es la seguridad la que te hace sentir que la meditación es absolutamente la acción correcta. En silencio, por favor, repite la palabra «sencillez» dentro de tu mente siete veces y concéntrate en lo alto de tu cabeza. Entonces repite la palabra «sinceridad» siete veces, silenciosa y devotamente, concentrándote en el corazón. Después, repite la palabra «pureza» siete veces concentrándote dentro o alrededor del centro espiritual del ombligo. Por favor, hazlo silenciosamente y con suma devoción. Después, concentrándote en el tercer ojo, que se halla entre las cejas y un poco más arriba, repite silenciosamente «seguridad» siete veces. Luego pon la mano sobre tu cabeza y repite tres veces: «Soy sencillo, soy sencillo, soy sencillo». A continuación pon la mano sobre tu corazón y repite tres veces: «Soy sincero, soy sincero, soy sincero». Después pon la mano sobre tu ombligo, repitiendo: «Soy puro» y sobre el tercer ojo, repitiendo: «Estoy seguro».

2. Una cualidad favorita

Si te gusta un aspecto en particular de Dios —el amor, por ejemplo—, por favor, repite internamente la palabra «amor» con mucha devoción varias veces. Mientras repites la palabra «amor» muy devotamente, trata de sentirla reverberando en lo más profundo de tu corazón: «amor, amor, amor». Si te gusta más la paz divina, entonces repite o canta internamente la palabra «paz». Mientras haces esto, trata de escuchar el sonido cósmico que la palabra contiene, haciendo eco en lo profundo de tu corazón. Si quieres luz, repite «luz, luz, luz», muy devotamente, y siente que de hecho te has convertido en la luz. Trata de sentir que te has convertido, de pies a cabeza, en la palabra que estás repitiendo. Siente que tu cuerpo físico, tu cuerpo sutil, todos tus nervios y tu ser entero están inundados de amor, paz o luz.

3. Invita a tus amigos

Imagínate que te encuentras en el umbral de tu corazón y que has invitado al amor, la luz, el deleite y todos tus amigos divinos a visitarte. Pero si la complejidad, la insinceridad, la impureza, la inseguridad, la duda y otras fuerzas negativas aparecen, no las dejes entrar. Para lograr esto, trata de sentir que tanto las cualidades divinas como las no divinas han tomado forma humana y las puedes ver a simple vista. Todos los días trata de invitar a un amigo a que entre en tu corazón. Éste será el comienzo de una amistad divina. Un día sólo dejarás que entre tu amigo el amor; al día siguiente permitirás que entre tu amigo el gozo. Después de un tiempo, tendrás la capacidad de invitar a más de un amigo a la vez. Al principio es posible que no puedas prestar atención a más de un amigo cada vez, pero finalmente podrás invitar a todos tus amigos divinos al mismo tiempo.

Preguntas y respuestas

P. Estoy buscando más alegría en mi vida, pero no estoy segura de lanzarme a meditar para conseguirla.

R. Cuando la vida no te está dando alegría, pero tú sientes que la necesitas, esto significa que estás espiritualmente hambriento. Cuando estás espiritualmente hambriento, tomas comida espiritual. Cuando no tienes hambre, no comes. Durante quince o veinte años no te importaba sincera o intensamente la vida espiritual. Como no has meditado en tantos años, si te arrojas de golpe en el mar de la espiritualidad, no podrás nadar. No puedes cambiar tu naturaleza de la noche a la mañana. Tiene que lograrse lenta, constante, gradualmente. Primero muévete dentro del agua y gradualmente aprenderás a nadar. Antes o después llegará el momento en que podrás nadar bien. Pero tener hambre interna, quiere decir que estás lista para comenzar a nadar.

Capítulo 3

DOMINANDO LO ESENCIAL

🪷 *Sin preparación no hay intento. Sin intento no hay progreso. Sin progreso no hay perfección. Sin perfección no hay satisfacción.*

Preparándote para meditar

Cuando meditas en tu casa, debes tener un rincón en tu cuarto que esté absolutamente puro y santificado; un lugar sagrado que utilices sólo para la meditación. En él puedes hacer un altar donde puedes tener una fotografía de tu Maestro espiritual, de Cristo o de alguna personalidad espiritual querida a quien consideres tu Maestro.

Antes de comenzar a meditar, ayuda mucho tomar una ducha o un baño. La limpieza del cuerpo es importante para la purificación de la conciencia. Si no puedes tomar una ducha o un baño antes de sentarte a meditar, debes por lo menos lavarte la cara. Es aconsejable también vestir ropa limpia y ligera.

También te ayudará quemar incienso y tener algunas

27

flores frescas en tu altar. Cuando inhalas la fragancia del incienso, quizá sólo recibes un poco de inspiración y purificación, pero esta pequeña cantidad la puedes añadir a tu tesoro interno. Hay personas que dicen que no es necesario poner flores delante para meditar. Dicen: «La flor está dentro; el loto de los mil pétalos está dentro». Pero la flor física en tu altar te hará recordar la flor interna. Su color, su fragancia y su conciencia pura te darán inspiración. De la inspiración obtienes la aspiración.

Lo mismo ocurre con el uso de velas durante la meditación. La llama de una vela por sí misma no te dará aspiración, pero cuando veas la llama externa inmediatamente sentirás que la llama de aspiración en tu ser interno también está ascendiendo alto, más alto, altísimo. Si alguien está a punto de realizar a Dios o si, de hecho, ya ha realizado a Dios, entonces estas cosas externas no tendrán ningún valor. Pero si tú sabes que la realización de Dios todavía es una meta lejana, entonces estas cosas indudablemente aumentarán tu aspiración.

Cuando hagas tu meditación individual diaria, trata de meditar solo. Esto no se aplica en el caso de los matrimonios, si tienen el mismo Maestro espiritual; para ellos está bien meditar juntos. De otro modo, no es aconsejable meditar con otros durante la meditación individual diaria. La meditación colectiva también es importante, pero para la meditación diaria e individual es mejor meditar en privado frente a tu propio altar.

La meditación es un regalo divino. La meditación simplifica nuestra vida externa y da energía a nuestra vida interna. La meditación nos da una vida natural y espontánea, una vida tan natural y espontánea, que no podemos respirar sin estar conscientes de nuestra propia divinidad.

La postura es importante

Al meditar es importante mantener la espina dorsal derecha y vertical y el cuerpo relajado. Si el cuerpo está tenso, las cualidades divinas que están fluyendo en y a través de él durante la meditación no serán recibidas. El cuerpo tampoco debe estar incómodo. Cuando estás meditando, tu ser interno te llevará espontáneamente a una posición cómoda y depende de ti mantenerla. La ventaja principal de la posición de loto es que mantiene la columna vertebral derecha y vertical. Pero no es cómoda para la mayoría de la gente. De manera que la posición de loto no es necesaria en absoluto para una meditación apropiada. Muchas personas meditan muy bien sentadas en una silla.

Algunas personas hacen ejercicios físicos y posturas. Estos ejercicios, llamados Hatha Yoga, relajan el cuerpo y traen paz a la mente por un corto período de tiempo. Si alguien es físicamente muy inquieto y no puede permanecer tranquilo más de un segundo, entonces estos ejercicios sin duda le ayudarán. Pero el Hatha Yoga no es necesario en absoluto. Hay muchos aspirantes que pueden sentarse y aquietar y calmar su mente sin hacer Hatha Yoga.

No es aconsejable meditar mientras uno está acostado, incluso para aquellos que llevan meditando varios años. Aquellos que traten de meditar mientras están acostados entrarán al mundo del sueño o en una especie de letargo o siesta. Además, mientras estás acostado, tu respiración no es tan satisfactoria como cuando estás sentado, ya que no es consciente o controlada. La respiración correcta es muy importante en la meditación.

🪷 *Un corazón devoto ha descubierto una suprema verdad: meditar en Dios es un privilegio y no un deber.*

29

Ojos abiertos vs. ojos cerrados

La gente me pregunta con frecuencia si deben meditar con los ojos abiertos o cerrados. En el noventa por ciento de los casos, aquellos que cierran sus ojos durante la meditación se duermen. Meditan durante cinco minutos y durante otros quince permanecen en el mundo del sueño. No hay energía dinámica; tan sólo complacencia y una sensación dulce de descanso.

Cuando mantienes tus ojos cerrados durante la meditación y entras en el mundo del sueño, quizá disfrutes todo tipo de fantasías. Tu imaginación fértil quizá te hará sentir que estás entrando en los planos superiores y teniendo una meditación maravillosa. Así que lo mejor es mantener los ojos entreabiertos. De esta manera estás al pie del árbol y a la vez en la rama más alta. La parte tuya que tiene los ojos medio abiertos es la raíz, simbolizando la Madre Tierra. La parte que tiene los ojos medio cerrados es la rama más alta o, por así decirlo, el Cielo. Tu conciencia está en el más alto nivel y también está aquí en la Tierra, tratando de transformar el mundo. Cuando meditas con los ojos medio abiertos y medio cerrados, estás haciendo lo que se conoce como la «meditación del león». Incluso mientras vas profundamente dentro de ti, estás enfocando tu atención consciente tanto en el plano físico como en el plano subconsciente. Tanto el mundo físico, con su ruido y distracciones, como el mundo subconsciente, el mundo del sueño, te están invitando, pero tú los estás conquistando a ambos. Estás diciendo: «Mirad, estoy alerta. No podéis llevarme a vuestro territorio». Como tus ojos están medio abiertos, no te dormirás. De manera que estás retando al mundo del subconsciente y al mismo tiempo manteniendo tu dominio del plano físico, porque puedes ver lo que ocurre a tu alrededor.

Cómo lograrlo

Ejercicios de respiración

1. Respirando en el centro del corazón

Por favor, inhala y mantén el aliento durante dos segundos. Siente que mantienes el aliento, que es la energía de vida, en tu centro del corazón. Esto te ayudará a desarrollar tu capacidad interna para meditar.

2. Respirando conscientemente

Cuando te sientes a meditar, trata de respirar lo más lenta y silenciosamente posible, de manera que si alguien pusiera un pequeño hilo en frente de tu nariz, no se moviera en absoluto. Y cuando exhales, trata de exhalar aún más lentamente que cuando inhales. Si es posible, haz una pequeña pausa entre el final de la exhalación y el comienzo de la inhalación. Si puedes, mantén el aliento algunos segundos. Pero si te resulta difícil, no lo hagas. Nunca hagas nada que te cause incomodidad física durante la meditación.

3. Inhalando paz y alegría

La primera cosa en la cual debes pensar al practicar técnicas de meditación es la pureza. Cuando inhalas, si puedes sentir que el aliento viene directamente de Dios, de la Pureza misma, entonces tu propio aliento puede ser purificado fácilmente. Cada vez que inhales, trata de sentir que estás inhalando paz infinita hacia tu interior. Lo opuesto de la paz es la inquietud. Cuando exhalas, trata de sentir que estás expulsando la inquietud de tu interior y también la inquietud que ves a

31

tu alrededor. Cuando respires de esta manera, observarás que la inquietud te abandona. Después de practicar esto varias veces, por favor, trata de sentir que estás inhalando poder del universo y cuando exhalas, siente que todo el miedo sale de tu cuerpo. Después de hacer esto varias veces, trata de sentir que estás inhalando gozo infinito y exhalando la tristeza, el sufrimiento y la melancolía.

4. Energía cósmica

Siente que no estás respirando aire sino energía cósmica; tremenda energía cósmica que entra en ti con cada respiración y que vas a utilizar para purificar tu cuerpo, tu vital, tu mente y tu corazón. Siente que no hay lugar en tu cuerpo que no esté lleno del flujo de la energía cósmica. Está fluyendo como un río dentro de ti, limpiando y purificando todo tu ser. Entonces, cuando exhalas, siente que estás expulsando todo lo impuro que hay dentro de ti, todos tus pensamientos no divinos, tus ideas oscuras y tus acciones impuras. Cualquier cosa dentro de tu ser que no consideras divina, aquello que no quieras reclamar como tuyo propio, siente que lo estás exhalando. Esto no es el pranayama tradicional, el cual es más complicado y sistematizado, pero es un método muy efectivo y espiritual de respiración. Si practicas este método de respiración, notarás resultados muy pronto. Al principio tendrás que usar tu imaginación, pero más tarde verás y sentirás que no es imaginación, sino realidad. Estás conscientemente inhalando la energía que fluye a tu alrededor, purificándote y vaciándote de todo lo no divino. Si puedes respirar de esta manera cinco minutos cada día, progresarás rápidamente. Pero debe hacerse de una manera consciente, no mecánicamente.

5. *Respiración total*

Cuando alcances un nivel más avanzado, puedes tratar de sentir que tu aliento está entrando y saliendo por cada parte de tu cuerpo —a través de tu corazón, a través de tus ojos, de tu nariz e incluso de tus poros—. Ahora sólo puedes respirar a través de la nariz o de la boca, pero llegará el día en que podrás respirar a través de cada parte de tu cuerpo. Los Maestros Espirituales pueden respirar aun con la boca y la nariz cerradas. Cuando hayas perfeccionado esta respiración espiritual, toda tu impureza e ignorancia serán reemplazadas por la luz, la paz y el poder de Dios.

6. *Respiración rítmica*

Al inhalar, repite una vez el nombre de Dios, o de Cristo, o de quien tú adores. Si tu Maestro te ha dado un mantra, puedes repetirlo. Esta respiración no tiene por qué ser larga o profunda. Mantén el aliento y repite el mismo nombre cuatro veces. Y cuando exhales, repite dos veces el nombre o mantra que has escogido. Inhalas repitiéndolo una vez, retienes el aliento repitiéndolo cuatro veces y exhalas repitiendo dos veces internamente la palabra sagrada. Si simplemente cuentas los números —uno, cuatro, dos—, no recibes ninguna vibración o sentimiento interno. Pero cuando repites el nombre de Dios, las cualidades divinas de Dios inmediatamente entran en ti. Entonces, cuando aguantas el aliento, estas cualidades divinas rotan dentro de ti, entrando en todas tus impurezas, oscuridades, imperfecciones y limitaciones. Cuando exhalas, estas mismas cualidades divinas se llevan todas tus cualidades no divinas, no progresivas y destructivas. Al principio puedes comenzar con una cuenta de uno-cuatro-dos. Cuando tengas más experiencia en este tipo de respiración, podrás hacerlo contando cuatro-dieciséis-ocho: inhalando mientras cuentas cuatro repeticiones, aguantando el aliento mientras cuentas dieciséis y exhalando mientras cuentas ocho. Pero esto debe hacerse gradualmente. Algunas personas hacen una cuenta de ocho-treinta y dos-dieciséis, pero eso es para expertos.

7. Respiración alterna

Otra técnica que puedes intentar es la respiración alterna. Esto se hace tapando el orificio derecho de la nariz con el dedo pulgar y respirando a través del orificio izquierdo. Al inhalar, repite el nombre de Dios una vez. Entonces mantén el aliento repitiendo el nombre de Dios cuatro veces. Finalmente, relaja la presión en el lado derecho, y tapa el lado izquierdo de la nariz con el dedo anular y exhala mientras cuentas dos, es decir, dos repeticiones del nombre de Dios. Después hazlo al contrario, comenzando con el orificio izquierdo cerrado. En esta técnica, cuando inhalas, no es necesario que sea silenciosamente. Si haces ruido no importa. Pero, por supuesto, estos ejercicios no deben hacerse en público o donde haya otra gente tratando de meditar en silencio. No debes practicar la respiración rítmica más de cinco minutos, ni la respiración alterna más que unas pocas veces. Si lo haces treinta, cuarenta o cincuenta veces, el calor subirá desde la base de tu espina dorsal y entrará en tu cabeza, creando tensión y dolor de cabeza. Es como comer demasiado. Comer es bueno, pero si comes vorazmente, te afectará al estómago. Este calor interno actúa de la misma manera. Si lo incitas más allá de tu capacidad, entonces, en vez de darte una mente llena de paz, te dará una mente arrogante, turbulenta y destructiva. Más tarde, cuando hayas desarrollado tu capacidad interna, puedes hacer esta respiración alterna durante diez o quince minutos.

Preguntas y respuestas

P. ¿Es necesario meditar solamente en casa, o podemos tratar de meditar en cualquier parte?

R. Ahora mismo eres sólo un principiante. Puedes meditar con tu máxima capacidad únicamente cuando estás solo en tu cuarto o en presencia de tu Maestro espiritual. Si tratas de meditar cuando estás conduciendo, caminando o sentado en el tren, no podrás profundizar mucho. También tienes que saber que no es suficiente estar sentado frente a tu altar. Cuando estás sentado frente a tu altar, tienes que sentir un altar interno dentro de tu corazón; de otro modo, no tendrás una meditación satisfactoria. Dondequiera que medites, debes entrar en tu corazón, donde puedes ver y sentir el altar vivo del Supremo. En tu altar interno estás seguro y protegido. Estás protegido por las fuerzas divinas que hay en él. Si puedes meditar en este altar interno, vas a progresar muy rápido, porque allí no encontrarás oposición.

Después de haber meditado muy sinceramente durante varios años y haber desarrollado cierta fuerza interna, podrás meditar en cualquier lugar. Aunque estés en el tren o caminando por la calle, nada te perturbará. Antes o después tendrás que aprender cómo tener la más elevada meditación y al mismo tiempo estar consciente de lo que ocurre en el mundo externo.

P. Durante la meditación y la oración, algunas personas se concentran en objetos, como fotografías y otras cosas. ¿Es sabio aferrarse a estos objetos o es más sabio meditar en algo que no tiene forma, algo que no pueden ver?

R. Cuando meditan en algo, no están adorando esa cosa en particular como si fuera Dios. Están simplemente recibiendo inspiración a través de ese objeto. Yo miro la llama de una vela, pero no veo la llama como Dios. Veo la llama como una fuente de inspiración. Esta llama me inspira y aumenta mi aspiración para ascender a lo más alto con un profundo llanto interno. Puedo tener una flor conmigo al meditar. La flor no es Dios, aunque Dios está dentro de la flor. Pero la flor me inspira y me ofrece pureza. O puedo quemar incienso. El incienso de por sí no es Dios para mí, pero el incienso me da un sentimiento de pureza y me ayuda en mi progreso espiritual. Utilizaré todo aquello que me ayude a aumentar mi aspiración, ya sea una fotografía, una vela o una flor; porque cuando mi inspiración y mi aspiración aumentan, siento que he dado un paso más hacia mi meta. Pero la vela, la foto o la flor no son en sí mismas el objeto de mi ado-ración.

P. Finalmente, cuando realicemos a Dios, ¿dejaremos atrás todas estas cosas?

R. Cuando seamos expertos en nuestra vida de aspiración, entonces no habrá más formas externas. Seremos uno con el Absoluto. Al principio, sin embargo, es necesario acercarnos a Dios a través de la forma. Al empezar, un niño lee en voz alta. Tiene que convencer a sus padres, tiene que convencerse a sí mismo de que está leyendo las palabras. Si no lee en voz alta, siente que no está leyendo en absoluto. Pero cuando el niño sabe leer, lee en silencio. Entonces, tanto él como sus padres saben que puede leer, de modo que la forma externa es innecesaria. Pero estas formas externas son de suma importancia durante las etapas preliminares de un aspirante. Finalmente se irán, cuando ya no sean necesarias.

P. ¿Está bien meditar después de comer, o es preferible ayunar?

R. No es bueno meditar justo después de una comida pesada. El cuerpo tiene miles de nervios sutiles. Estos nervios se vuelven pesados después de una comida copiosa y no te permitirán tener la mejor meditación. El cuerpo estará pesado, la conciencia estará pesada, los nervios estarán pesados y tu meditación no será buena. Cuando meditas apropiadamente, sientes que toda tu existencia, como un pájaro, está volando alto, más alto, altísimo. Pero cuando tu conciencia está pesada, no puedes ascender.

Así que es mejor siempre meditar con el estómago vacío. Debe haber por lo menos dos horas entre la comida y el momento en que te sientas a meditar. Por otro lado, si tienes mucha hambre cuando vas a meditar, la meditación no será satisfactoria. El hambre, como un mono, te molestará constantemente. En este caso, es aconsejable tomar un vaso de jugo o de leche antes de meditar. Esto no echará a perder tu meditación. Pero abstenerse de una comida pesada antes de la meditación no es lo mismo que ayunar. Ayunar no es necesario en absoluto para la meditación. Ayunando te puedes purificar hasta cierto punto. Una vez al mes, si quieres, puedes ayunar un día para purificar tu vida de las agresiones exteriores y la avaricia. Pero al ayunar frecuentemente te acercas más a la muerte que a Dios. El ayuno no es la solución para la purificación del ser. La solución es la meditación constante y devota, el amor sin reservas hacia Dios y la entrega incondicional a Dios.

P. ¿Es necesario ser vegetariano para practicar la vida espiritual?

R. La dieta vegetariana tiene un papel que jugar en la vida espiritual. La pureza es de suma importancia para el aspirante. Debemos establecer esta pureza en el cuerpo, en el vital y en la mente. Cuando comemos carne, la conciencia animal agresiva entra en nosotros. Nuestros nervios se agitan y se inquietan y esto puede interferir con nuestra meditación. Si un aspirante no deja de comer carne, generalmente no recibe experiencias o visiones sutiles.

En un momento dado la conciencia animal era necesaria para impulsarnos hacia delante. Los animales son por naturaleza agresivos, pero al mismo tiempo hay cierto empuje dinámico hacia delante en la conciencia animal. Si no hubiéramos tenido cualidades animales, habríamos permanecido inertes, como los árboles, o nos habríamos quedado en la conciencia mineral, donde no hay crecimiento ni movimiento. Pero desafortunadamente la conciencia animal contiene también muchas cualidades oscuras y destructivas. Ahora hemos entrado en la vida espiritual, así es que la función   de la conciencia animal en nuestra vida ya no es necesaria. De la conciencia animal hemos pasado a la conciencia humana, y ahora estamos tratando de entrar en la conciencia divina.

Las buenas cualidades de las frutas y los vegetales nos ayudan a establecer, tanto en nuestra vida interna como externa, cualidades como la suavidad, la dulzura, la sencillez, y la pureza. Si somos vegetarianos, esto ayuda a nuestro ser interno a fortalezer su propia existencia. Internamente rezamos y meditamos; externamente la comida que recibimos de la Madre Tierra también nos ayuda, dándonos no sólo energía sino también aspiración. Algunas personas sienten que es la carne lo que les da la fuerza. Pero si profundizan dentro de sí, puede ser que descubran que es su propia idea acerca de la carne lo que les da la fuerza. Uno puede cambiar esa idea y sentir que no es la carne, sino la energía espiritual que está permeando nuestro cuerpo, lo que nos da fuerzas. Esa energía viene tanto de la meditación como de una nutrición apropiada. La fortaleza que uno puede obtener de la aspiración y la me-

39

ditación es infinitamente más poderosa que la fortaleza que uno puede obtener de la carne.

Muchos aspirantes espirituales han llegado a la conclusión de que un vegetariano tiene la oportunidad de progresar más rápidamente en la vida espiritual. Pero además de una dieta vegetariana, uno debe rezar y meditar. Si uno tiene aspiración, la dieta vegetariana ayudará considerablemente; la pureza del cuerpo ayudará a que nuestra aspiración sea más intensa y más devota. Pero esto no significa que si uno no es vegetariano no podrá progresar espiritualmente o realizar a Dios.

Capítulo 4

LA MENTE SILENCIOSA

❦ *A veces debo estar en silencio, porque ésa es la única manera de saber un poco más, de pensar un poco más sabiamente, de hacerme un poco más perfecto y de reclamar a Dios un poco más pronto.*

Aquietando la mente

No importa qué camino sigas en la vida espiritual, el primer y más importante deber es el de intentar calmar y aquietar la mente. Si la mente divaga todo el tiempo, si está siempre a la merced de despiadados pensamientos no progresarás nada. La mente debe estar calmada y tranquila, para que cuando la luz descienda de lo alto, puedas estar plenamente consciente de ello. En tu observación y aceptación consciente de la luz entrarás en una profunda meditación y verás la purificación, la transformación y la iluminación de tu vida. ¿Cómo aquietarás y calmarás la mente? La mente tiene su propio poder y ahora mismo este poder es más fuerte que tu entusiasmo y tu

41

determinación para meditar. Pero si puedes recibir ayuda de tu corazón, entonces gradualmente podrás controlar la mente. El corazón, a su vez, recibe ayuda constante del alma, la cual es toda luz y poder.

Vaciando la mente

No debes sentir que cuando tu mente esté vacía serás o actuarás como un idiota. Esto no es cierto. Si puedes mantener la mente calmada y tranquila durante diez o quince minutos, un nuevo mundo amanecerá dentro de ti. Ésta es la base de todo progreso espiritual. Ahora mismo sólo puedes mantener la mente calmada y tranquila durante unos pocos segundos o un minuto, pero si puedes mantener tu calma, tu serenidad y tu tranquilidad durante media hora o quince minutos, te aseguro que dentro de tu tranquilidad crecerá un nuevo mundo con tremenda luz y poder divinos.

Cuando no tengas ningún pensamiento en tu mente, por favor no sientas que estás totalmente perdido. Al contrario, siente que algo divino está preparándose en tu naturaleza pura y aspirante. No puedes esperar resultados inmediatos. El agricultor siembra la semilla y luego espera; él nunca pretende que la cosecha brote inmediatamente. Requiere varias semanas o meses para germinar. Tu mente puede ser un campo fértil. Si tú siembras la semilla del silencio y la quietud y la cultivas pacientemente, tarde o temprano recogerás la cosecha de la iluminación.

La mente no es necesaria para la meditación, porque pensar y meditar son dos cosas absolutamente distintas. Cuando meditamos, no pensamos en absoluto. El propósito de la meditación es librarnos de todo pensamiento. El pensamiento es como una mancha en la pizarra. Sea buena o mala, está ahí. Sólo si no hay pensamiento alguno podemos crecer hacia la más alta realidad. Puede que entren pensamientos aún en la meditación profunda, pero en la más elevada y más profunda meditación sólo habrá luz.

Lenta y constantemente, si puedes parar tu mente inquieta, Dios abrirá Su Corazón inconmensurable, alegre e inmediatamente.

Más allá de la mente

En la luz, visión y realidad son una misma cosa. Tú estás allí y yo estoy aquí. Digamos que yo soy la visión y tú eres la realidad. Yo tengo que mirarte y entrar en ti para conocerte. Pero en la meditación más elevada la realidad y la visión son una. Donde tú estás, yo también estoy; donde yo estoy, estás tú. Somos uno. Por eso, en la más alta meditación no necesitamos pensamientos. En la más alta meditación el conocedor y lo conocido son uno.

Incluso la reflexión, que es un tipo de pensamiento introspectivo, está muy lejos de la inmensidad disciplinada de la meditación. En el momento en que pensamos, estamos jugando con la limitación y la atadura. Nuestros pensamientos, no importa cuán dulces o deliciosos sean en el momento, son dolorosos y destructivos a largo plazo porque nos limitan y nos atan. En la mente pensante no hay realidad. En cada momento estamos construyendo un mundo y en el próximo momento lo estamos destruyendo. La mente tiene su propósito, pero en la vida espiritual tenemos que ir más allá de la mente hacia donde hay paz eterna, sabiduría eterna y luz eterna. Cuando vamos más allá del pensar con la ayuda de nuestra aspiración y nuestra meditación, sólo entonces podemos disfrutar a la vez de la realidad y la visión de Dios.

Cómo hacerlo

Purificando la mente

La mente es impura casi siempre y casi siempre trae pensamientos carentes de aspiración. Además, la mente es víctima de la duda, la envidia, la hipocresía, el miedo y otras cualidades no divinas. Todas las cosas negativas atacan a la mente primero. Puede que la mente las rechace durante un minuto, pero éstas tocan de nuevo a su puerta. Ésta es la naturaleza de la mente. El corazón es mucho más puro. El afecto, la devoción, la entrega y otras cualidades divinas ya están en él. Por eso, es mucho más puro que la mente. Aunque tengas miedo o envidia en el corazón, sus buenas cualidades aún predominarán.

Pero también puede ser que el corazón no sea totalmente puro, porque el ser vital está cerca del corazón. El vital inferior, el cual está localizado cerca del ombligo, tiende a subir y tocar el centro del corazón. Hace al corazón impuro debido a su influencia y a su proximidad. Pero por lo menos el corazón no es como la mente, la cual deliberadamente abre sus puertas a ideas impuras. El corazón es mucho mejor que la mente. Y de todos, lo mejor es el alma. El alma es todo pureza, luz, deleite y divinidad.

1. Convirtiéndote en el alma

Para purificar la mente, lo mejor es sentir cada día durante unos minutos, en tu meditación, que no tienes mente. Te dirás a ti mismo: «No tengo mente, no tengo mente. Lo que tengo es el corazón». Después de unos momentos sentirás: «No tengo corazón. Lo que tengo es alma». Cuando digas «tengo alma», en ese momento serás

44

llenado de pureza. A continuación tienes que ir más profundo y más lejos no solamente diciendo «tengo alma», sino también: «soy el alma». En ese momento, imagina el niño más hermoso que hayas visto jamás y siente que tu alma es infinitamente más hermosa que ese niño.

En el momento en que puedas decir y sentir «yo soy el alma», y meditar en esta verdad, la pureza infinita de tu alma entrará en tu corazón. Entonces, desde el corazón, la pureza infinita entrará en tu mente. Cuando puedas verdaderamente sentir que eres tan sólo el alma, ésta purificará tu mente.

2. La llama interna

Antes de meditar, trata de imaginar una llama dentro de tu corazón. Ahora mismo puede que la llama sea pequeña y temblorosa; pero llegará el día en que será muy poderosa y luminosa. Trata de imaginar que esta llama está iluminando tu mente. Puede suceder que al principio no te puedas concentrar satisfactoriamente, porque la mente no está enfocada. La mente está constantemente pensando acerca de muchas cosas. Se ha vuelto víctima de muchos pensamientos desagradables; no tiene una luz propia, así que imagina una hermosa llama dentro de tu corazón, iluminándote. Lleva esa llama luminosa a tu mente. Entonces poco a poco verás cómo se ilumina. Cuando tu mente comience a estar iluminada, se te hará muy fácil concentrarte más tiempo y más profundamente.

3. Purificando el aliento

Antes de comenzar la meditación, repite «Supremo»

aproximadamente veinte veces, lo más rápido posible, para purificar tu respiración. Siente que verdaderamente te estás convirtiendo en el Aliento mismo de Dios. A menos que la respiración sea purificada, la mente no permanecerá centrada en una dirección.

4. Dios me quiere, yo necesito a Dios

Enfoca tu atención en una foto. Puedes mirar la fotografía de tu Maestro o puedes mirarte a ti mismo en el espejo. Si te concentras en tu propio reflejo, siente que eres totalmente uno con el ser físico que estás mirando. Entonces trata de entrar en la imagen que estás mirando. Desde ahí debes intentar crecer con un pensamiento: Dios te quiere y tú necesitas a Dios. Repite: «Dios me quiere, yo necesito a Dios». Entonces verás que lenta, segura e indudablemente, este pensamiento divino entrará en ti y abarcará tu existencia interna y externa, dándote pureza en la mente, en el vital y en el cuerpo.

5. Afirmando el control sobre la mente

Dile a tu mente: «No permitiré que sigas tu propio camino. Ahora quiero que pienses en Dios». Repite el nombre de Dios internamente o en voz alta. Después repite: «Quiero tener pureza en mi vida entera». Luego repite: «pureza, pureza, pureza». En ese momento no estás permitiendo que tu mente piense acerca de la impureza o alguna otra cosa. No des a tu mente la oportunidad de divagar; simplemente, utilízala para tu propio propósito. Tienes millones de cosas que lograr a través de la mente. Pero la mente es tan traviesa y malcriada que si no la utilizas, ella te utilizará a ti.

46

6. Échalos fuera

Cada vez que un pensamiento negativo entre en tu mente, recházalo. Es como un elemento extraño, un ladrón, que ha entrado en tu cuarto. ¿Por qué razón debieras permitir conscientemente que un ladrón permanezca en tu cuarto, cuando tienes la capacidad de echarlo fuera? Cuando un pensamiento no divino entre en tu mente, simplemente captura el pensamiento y arrójalo en el fuego poderoso de tu aspiración interna.

7. Estrangulando los malos pensamientos

Cuando tengas un pensamiento que no sea puro, bueno o divino, repite inmediatamente la palabra «Supremo» muy rápidamente. El Supremo es mi Guru, tu Guru, el Guru de todo el mundo. Repite «Supremo» muy rápido, y cada vez que uses la palabra «Supremo» siente que estás creando una serpiente que se enroscará alrededor del pensamiento no divino y lo estrangulará.

Preguntas y respuestas

P. Soy un principiante en la meditación y resulta que no puedo controlar mis pensamientos. ¿Cómo puedo tener una meditación satisfactoria?

R. Si eres un principiante, trata de dejar entrar en ti sólo pensamientos divinos, y no pensamientos negativos. Es mejor no tener pensamiento alguno durante la meditación, pero es casi imposible para el principiante tener una mente libre de todo pensamiento. De manera que puedes comenzar teniendo buenos pensamientos: «Quiero ser bueno, quiero ser más espiritual, quiero amar más a Dios, quiero existir sólo para Él». Deja que estas ideas crezcan dentro de ti. Comienza con una o dos ideas divinas: «Hoy seré absolutamente puro. No permitiré que ningún pensamiento malo, sino sólo la paz, entre en mí». Cuando permitas que un pensamiento divino crezca dentro de ti, inmediatamente verás que tu conciencia cambia para bien.

Comienza con ideas divinas: «Hoy, quiero realmente sentir que soy un hijo de Dios». Esto no será simplemente un sentimiento, sino una verdadera realidad. Siente cómo la Virgen María está sosteniendo al niño Jesús. Siente que la Madre Divina te tiene en sus brazos, como a un niño. Entonces piensa: «Yo realmente quiero tener la luz de la sabiduría. Quiero caminar con mi Padre. Dondequiera que vaya, iré con Él. De Él obtendré la Luz».

Algunas personas no tienen ideas como éstas. No les llegan las ideas y pensamientos creativos. Solo hay un vacío. Te preguntarás qué es mejor: tener mensajes absurdos en la mente o ningún mensaje en absoluto. Pero hay una manera negativa e inconsciente de meditar, la cual no tiene vida de por sí. Ésta no es la mente silenciosa. No es productiva. En la verdadera meditación la mente está silenciosa, pero a la vez está consciente.

P. Idealmente, ¿debiera uno rechazar todos los pensamientos durante la meditación?

R. Lo mejor es tratar de no permitir que ningún pensamiento entre en tu mente, sea bueno o malo. Es como si estuvieras en tu cuarto, y alguien llama a la puerta. No tienes ni idea de si es un amigo o un enemigo. Los pensamientos divinos son tus verdaderos amigos y los pensamientos no divinos son tus enemigos. Tú quisieras dejar que tus amigos entren, pero no sabes quiénes son tus amigos. Y aunque lo sepas, cuando abras la puerta para que entren, quizá descubras que tus enemigos están ahí también.

Entonces, antes de que tus amigos crucen la entrada, los enemigos entrarán también. Puede que ni siquiera notes los pensamientos no divinos, pero mientras los pensamientos divinos están entrando, los pensamientos no divinos, como ladrones, entrarán también secretamente y crearán una tremenda confusión. Una vez hayan entrado, es muy difícil expulsarlos. Para eso necesitas la fortaleza de una disciplina espiritual sólida. Durante quince minutos puede que cultives solamente pensamientos espirituales y entonces, en un segundo fugaz, llegará un pensamiento no divino. Así que lo mejor es no permitir ningún pensamiento durante la meditación. Simplemente mantén la puerta cerrada desde dentro.

❀*Hubo una vez en que te amé, oh mundo de mis pensamientos. Pero ahora amo la belleza de una mente silenciosa y la pureza de un corazón de gratitud.*

Tus verdaderos amigos no se irán. Pensarán: «Algo le pasa hoy. Normalmente es tan amable con nosotros... Así que debe de haber una razón especial por la cual no abre la puerta». Ellos tienen unidad amistosa contigo, de manera que esperarán indefinidamente. Pero tus enemigos esperarán sólo unos minutos. Perderán toda su paciencia y dirán: «Está más allá de nuestra dignidad perder nuestro tiempo aquí». Estos enemigos tienen su orgullo. Dirán: «¿A quién le importa?, ¿quién le necesita? Vámonos a atacar a otra persona». Si no le prestas atención a un mono, acabará por irse a morder a otra persona. Pero tus amigos dirán: «No, nosotros le necesitamos y él nos necesita a nosotros. Esperaremos indefinidamente por él». De manera que después de unos minutos tus enemigos se irán. Entonces puedes abrir la puerta y tus queridos amigos estarán ahí esperándote.

Si meditas con regularidad y devoción, después de un tiempo serás internamente fuerte. Entonces podrás dar la bienvenida a los pensamientos divinos y ahuyentar los pensamientos no divinos. Si tienes un pensamiento de amor divino, paz divina o poder divino, entonces dejarás que ese pensamiento entre en tu mente y se expanda. Dejarás que juegue y crezca en el jardín de tu mente. Mientras el pensamiento está jugando y tú estás jugando con él, verás que te estás convirtiendo en ese pensamiento. Cada pensamiento divino que permitas entrar creará un mundo nuevo y colmador para ti y recargará todo tu ser con la divinidad.

Despues de algunos años de meditación tendrás suficiente fortaleza interna para dejar entrar incluso a los pensamientos no divinos. Cuando un pensamiento no divino entre en tu mente, no lo rechazarás; lo transformarás. Cuando alguien no divino llama a tu puerta, si tienes suficiente fortaleza interna para forzarlo a que se comporte correctamente una vez haya entrado, entonces puedes abrirle la puerta. Antes o despúes tienes que aceptar el reto y conquistar estos pensamientos negativos; de lo contrario volverán a molestarte una y otra vez.

❀ *Estoy muy orgulloso de mi mente. ¿Por qué? Porque ha comenzado a disfrutar de cosas pequeñas: un pensamiento sencillo, un corazón puro, una vida humilde...*

Tienes que ser un alfarero divino. Si el alfarero tiene miedo de tocar el barro, el barro siempre será barro y el alfarero no podrá ofrecerle nada al mundo. Pero si el alfarero no tiene miedo, puede transformar el barro en algo útil y bello. Es tu deber transformar los pensamientos no

50

divinos, pero sólo cuando estés listo para hacerlo sin riesgo alguno.

P. ¿Cuál es la mejor manera de tratar con pensamientos no divinos que vienen durante la meditación?

R. En el momento en que un pensamiento negativo o sin aspiración entra en tu mente, debes usar tu aspiración para rechazarlo, porque durante la meditación todo es muy intenso. Cuando estás hablando o metido en actividades cotidianas, puedes tener cualquier tipo de pensamiento, porque tus pensamientos no son intensos en ese momento. Pero si un pensamiento no divino viene durante la meditación, el poder de tu meditación lo agranda y lo intensifica. Tu vida espiritual se debilita en el momento en que permites que tu mente disfrute durante la meditación de pensamientos no divinos. Si un pensamiento bueno llega, puedes tratar de agrandarlo, o puedes tratar de elevarlo a un nivel superior. Pero si tienes un mal pensamiento, trata de cortarlo inmediatamente.

¿Cómo harás esto? Si el pensamiento que te está atacando viene del mundo externo, trata de invocar la fuerza de voluntad de tu alma, que vive en tu corazón, y visualízala en el centro de tu frente. En el momento en que la voluntad de tu alma sea vista por el pensamiento que está tratando de entrar en ti, ese pensamiento desaparecerá.

Pero si no tienes la capacidad interna para hacer esto, no te sientas contrariado. Algunas veces, cuando vienen pensamientos negativos durante la meditación, el aspirante siente que la fuerza del pensamiento negativo es tan poderosa, que aunque haya meditado dos o tres horas, no sirve de nada. Un pensamiento ordinario o negativo entra y él siente que lo ha perdido todo. Esto es absurdo.

Mientras tú no permitas que permanezcan en tu mente,

no debieras darle ninguna importancia a los pensamientos negativos en ese momento en particular. Si pensamientos emocionales, pensamientos vitales bajos o pensamientos sexuales entran en ti durante la meditación y no puedes mantenerlos fuera o expulsarlos, intenta sentir que estos pensamientos son tan insignificantes como hormigas. Simplemente no les prestes ninguna atención. Si puedes sentir que el poder espiritual que has recibido de tu meditación es infinitamente más poderoso que el poder de los pensamientos negativos, entonces estos pensamientos negativos no pueden utilizarte para sus propósitos. Pero a menudo sucede que te vuelves terriblemente temeroso de esos pensamientos y haces hincapié en ellos. Al pensar en ellos y al temerlos, les estás dando poder.

Es cierto que los pensamientos negativos pueden intensificarse durante la meditación. Pero tú puedes fácilmente traer al frente pensamientos buenos, que son infinitamente más poderosos. Cuando te vengan pensamientos negativos durante la meditación, intenta inmediatamente acordarte de una de tus experiencias espirituales más dulces o elevadas. Entra en tu experiencia, la cual tuviste hace unos días o unos años, e intenta traerla a tu mente. Verás que mientras estás completamente absorto en tu propia experiencia, el pensamiento del plano vital inferior probablemente te abandonará, porque el gozo más elevado, más profundo y más puro está dentro de ti. El Gozo Divino es infinitamente más poderoso que el placer. El deleite del néctar de tu propia experiencia espiritual es infinitamente más poderoso que las fuerzas de tu vital inferior. De esta manera puedes resolver el problema sin dejar tu meditación.

Los pensamientos negativos te atacan y quieren quitarte tus sentimientos divinos, tus pensamientos divinos y tu poder divino. Pero cuando tú prestas atención solamente a los pensamientos divinos y estimulas solamente sentimientos divi-

nos, en muchos casos los pensamientos negativos se van. Ellos dicen: «No le importamos. No hay lugar para nosotros aquí». Los pensamientos negativos también tienen su orgullo y están terriblemente celosos de los pensamientos divinos. No se interesan por ti si tú no te interesas por ellos.

Hasta ahora he hablado de pensamientos que vienen de fuera. Pero a veces los pensamientos no divinos vienen de dentro. Al principio es difícil distinguir entre los pensamientos que vienen de fuera y los que vienen de dentro. Pero gradualmente podrás sentir la diferencia. Los pensamientos que vienen de fuera pueden ser rechazados más fácilmente que los pensamientos que te atacan desde den-tro. Pero si pensamientos impuros y negativos salen de dentro de ti, puedes hacer una de estas dos cosas: puedes sentir que hay un agujero justo en tu coronilla. Haz que los pensamientos fluyan hacia fuera a través de él como un río que va solamente en una dirección sin retorno. Entonces se habrán ido y estarás libre de ellos. El otro método es sentir que eres el océano sin límites, todo calma y quietud, y que los pensamientos son como peces en la superficie. El océano no presta atención a los peces que ondulan en el agua.

P. ¿Por qué los pensamientos me molestan constantemente?

R. Eres molestado constantemente por pensamientos porque estás tratando de meditar dentro de tu mente. La naturaleza misma de la mente es dar la bienvenida a pensamientos —pensamientos positivos, pensamientos negativos, pensa-mientos divinos, pensamientos no divinos—. Si quieres controlar tu mente con tu voluntad humana, será como pedirle a un mono o a una mosca que no te molesten. La naturaleza misma de un mono es morder y pellizcar; la naturaleza misma de una mosca es molestar a la gente.

La mente necesita un poder superior a ella misma para aquietarla. Este poder superior es el poder del alma. Tienes que hacer salir la luz del alma desde el interior de tu corazón.

Posees dos habitaciones: la habitación del corazón y la habitación de la mente. Ahora mismo, la habitación de la mente es oscura, sin luz e impura; rehúsa abrirse a la luz. Sin embargo, la habitación del corazón está siempre abierta a la luz, porque es ahí donde vive el alma. En vez de concentrarte en la mente, si puedes concentrarte y meditar en la realidad que está dentro del corazón, esta realidad se hará manifiesta.

Si permaneces todo el tiempo en la mente, con la esperanza de iluminarla desde dentro, estarás perdiendo el tiempo. Si quiero prender una vela, debo usar una llama que ya esté encendida. La habitación del corazón, afortunadamente, está ya iluminada.

Una vez que estés bien establecido en el corazón, y bañado con la luz del alma, puedes entrar en la habitación de la mente para iluminarla. Pero primero tienes que dejar salir la luz del alma, la cual está presente muy poderosamente en el corazón. La luz del alma no torturará ni castigará a la mente. Al contrario, actuará como una madre muy cariñosa, que siente que las imperfecciones de su hijo son sus propias imperfecciones. El corazón le ofrecerá su luz y transformará la naturaleza de la mente.

P. Intento evitar que mi mente divague durante la meditación, pero tengo muy poco éxito.

R. No estás ejercitando la capacidad de tu corazón; sólo estás ejercitando el poder de la mente. Muy a menudo, cuando me concentro en ti, veo que tu mente está girando como una rueda. Cuando la mente gira, es muy difícil para el Supremo actuar en ella. Pero cuando tu corazón aspira, aunque sea por un segundo, el Supremo abre la puerta y entra.

De ahora en adelante, por favor, trata de sentir que no tienes mente en absoluto. Esto no quiere decir que serás como un bruto o un animal. ¡No! La mente humana no es necesaria, porque tienes un instrumento superior llamado corazón. Si permaneces en tu corazón durante cinco minutos, aunque no reces o medites, tu conciencia se elevará.

El corazón es como una fuente de paz, gozo y amor. Puedes sentarte a los pies de la fuente y simplemente disfrutar. No hay necesidad de pedirle al Supremo esto o aquello, porque obtendrás de esta fuente todas las cosas que quieres, e infinitamente más. Si puedes complacer al Supremo permaneciendo siempre en la fuente de tu corazón, tus deseos serán satisfechos de una manera muy luminosa. Puede que sean los mismos deseos que siempre has tenido, pero serán tocados e iluminados en un nivel muy alto. Antes de satisfacerlos, el Supremo, con Su Luz, transformará cada deseo en aspiración.

P. Durante la meditación, si hay algún ruido o distracción, ¿es mejor incluirlo en la meditación o excluirlo y proseguir con la meditación?

R. Cada aspirante debe saber su nivel de meditación. Si eres un principiante, debes sentir que cualquier cosa que no sea parte de tu meditación es como si fuera un intruso, al cual no deberías permitir entrar y perturbarte. Pero si estás muy avanzado y te perturba un ruido o sonido durante tu meditación, puedes ir profundamente dentro del sonido mismo y tratar de asimilarlo.

Si posees esta capacidad, entonces tu propia conciencia transformará el ataque de un elemento extraño, poderoso y desafiante, en una música interna, que se sumará a tu meditación.

P. Si recibo ideas creativas mientras estoy meditando, ¿debo seguirlas o simplemente sentirlas con mi corazón?

R. Tan pronto como recibas una idea positiva debes considerarla una bendición del Supremo. Pero tienes que saber qué tipo de inspiración es. Si es una inspiración iluminadora o es una inspiración creativa para hacer algo realmente bueno, entonces síguela. Cualquier pensamiento creativo que te lleve a una meta superior, debe ser seguido. Si una inspiración en particular trae algo nuevo a tu vida y puede transformarla, entonces esa inspiración debe ser seguida también.

Puede que sientas que la inspiración está sólo en la mente mientras que la aspiración está sólo en el corazón. Pero la aspiración puede estar en la mente y la inspiración puede estar en el corazón. La inspiración puede volverse aspiración y viceversa. Pero debe ser un tipo muy elevado de inspiración. De lo contrario no puede ayudarte nada en tu meditación. Si durante la meditación te sientes inspirado a hacer las más deliciosas galletas, este tipo de inspiración es una pérdida de tiempo. Si es una inspiración iluminadora, tómala como tu propio progreso. Cuando recibas ideas creativas, has de saber que son creaciones de otro mundo, que quieren manifestarse en el plano físico. Al terminar la meditación, deberías escribir estas ideas. Después puedes desarrollarlas.

P. ¿Es malo esperar alguna cosa en concreto cuando meditamos?

R. Durante la meditación, simplemente intenta arrojar tu existencia interior y exterior en el Supremo. No tienes que pensar en nada, tan sólo lánzate en el mar de luz, paz, gozo y energía. Pero no esperes una cualidad divina o un resultado en concreto, porque entonces estás atándote y atando a Dios. Esto ocurre porque la expectación humana es muy limitada. Cuando esperas algo, la mente actúa de inmediato, y tu receptividad queda muy limitada. Pero si no esperas, el problema de la receptividad pasa a ser un problema de Dios. En ese momento, Él está llamado a darte todo en medida infinita y, al mismo tiempo, a crear la receptividad en ti para que recibas lo que Él tiene que ofrecer.

El modo más elevado de meditación se hace en silencio, con un objetivo: complacer a Dios a Su manera. El mejor tipo de meditación es cuando puedes sentir que estás complaciendo a Dios a Su propia manera. De lo contrario, si empiezas a meditar con la idea de lograr alegría, obtendrás alegría; pero no será alegría infinita, precisamente porque no has complacido a tu Amado Eterno, Dios, a Su manera. Lo que Cristo el Salvador dijo es absolutamente la verdad más elevada: «Hágase Tu Voluntad». Antes de meditar, si puedes ofrecer el fruto de tu meditación a La Fuente y decir: «Quiero ser Tu instrumento perfecto para que Tú puedas completarte en y a través de mí a Tu propia manera», ésta es la más elevada, absolutamente la más elevada meditación.

Tu mente tiene un torrente de preguntas. Sólo hay un maestro que puede contestarlas. ¿Quién es el maestro? Tu corazón amante del silencio.

Capítulo 5

TU CORAZÓN ESPIRITUAL:
EL HOGAR DE LA PAZ

❀ ¿Quieres ser feliz? Entonces no sobreestimes el poder de tu mente ni subestimes la luz de tu corazón.

Descubriendo tu tesoro interno

Es mejor meditar en el corazón que en la mente. La mente es como la plaza Times Square de Londres en la noche de año nuevo; El corazón es como una cueva solitaria en los Himalayas. Si meditas en la mente, podrás meditar quizá cinco minutos y de esos cinco minutos puede que medites poderosamente un minuto. Luego sentirás toda tu cabeza poniéndose tensa. Al principio obtienes alegría y satisfacción; luego puede ser que sientas un desierto vacío. Pero si meditas en el corazón, adquieres la capacidad de identificarte con la alegría y la satisfacción que obtienes y entonces ésta se convierte permanentemente en algo tuyo.

Si meditas en la mente, no te identificas sino que tratas de entrar en algo. Cuando quieres entrar en la casa de otra persona para obtener lo que ella tiene, has de romper la puerta o argumentar con el dueño de la casa para que abra. Cuando haces esto, te sientes como un extraño y el dueño de la casa también lo siente y piensa: «¿Por qué he de dejar que un extraño entre en mi casa?» Pero si utilizas el corazón, inmediatamente sus cualidades, como la suavidad, la dulzura, el amor y la pureza, se manifiestan. Cuando el dueño de la casa vea que eres todo corazón, inmediatamente su corazón se unirá al tuyo y te dejará entrar. Sentirá su unidad contigo y te dirá: «¿Qué quieres de mi casa? Si necesitas paz, tómala. Si necesitas luz, entonces, tómala».

Algo más: si entras en la casa utilizando la mente, verás una fruta deliciosa e inmediatamente tratarás de cogerla. Te sientes satisfecho al obtenerla, aunque no tienes la capacidad de comer toda la fruta. Pero si utilizas el corazón, verás que tu capacidad de receptividad no tiene límites. Además, si usas la mente, tratarás de hacer una selección. Dirás: «Esta fruta es mejor; ésta es peor». Pero si entras en la casa con tu corazón, sentirás que todo lo que hay allí es tuyo y lo disfrutarás todo. El centro espiritual del corazón es el centro de la unidad. Primero te identificas con la verdad y, luego, a través de la fuerza de tu identificación, te conviertes en la verdad.

Permanece siempre en el sol de tu corazón has-ta que sus rayos iluminadores inunden también tu mente.

El corazón y el alma

Si meditas en el corazón, estás meditando en el lugar donde se encuentra el alma. Es cierto que la luz y la conciencia del alma abarcan el cuerpo entero, pero hay un lugar específico donde el alma reside la mayor parte del tiempo y ese lugar es el corazón. Si quieres la iluminación, tienes que obtenerla del alma, la cual está en el corazón. Cuando sabes lo que quieres y dónde obtenerlo, lo más práctico es ir a ese lugar. De otro modo, es como ir a la ferretería a comprar comida.

Hay una gran diferencia entre lo que puedes obtener de la mente y lo que puedes obtener del corazón. La mente es limitada; el corazón es ilimitado. En lo profundo de tu ser hay paz, luz y deleite infinitos. Obtener una cantidad limitada es una tarea fácil. La meditación en la mente puede dártelo. Pero puedes obtener infinitamente más si meditas en el corazón. Supongamos que tienes la oportunidad de trabajar en dos lugares. En un lugar ganarás doscientos dólares y en el otro lugar quinientos dólares. Si eres sabio, no perderás tu tiempo en el primer lugar.

Mientras tengas una fe tremenda en la mente, la cual lo complica y confunde todo, estarás condenado a la decepción en tu meditación. La gente, por lo general, piensa que la complicación es sabiduría. Pero una persona espiritual sabe que Dios es muy sencillo. Es en la sencillez y no en la complejidad donde habita la auténtica verdad.

No estoy diciendo que la mente sea siempre mala. No, no tiene por qué ser así. Pero la mente es limitada. Lo máximo que puedes obtener de la mente es inspiración, la cual, en sí misma, es limitada. Para la verdadera aspiración tienes que ir al corazón. La aspiración viene del corazón porque la iluminación del alma está siempre ahí. Cuando meditas en el corazón no sólo obtienes aspiración, sino que obtienes también la satisfacción de esa aspiración: la paz, la luz y el deleite infinitos del alma.

Preguntas y respuestas

P. Quisiera saber cómo puede uno llegar al corazón espiritual durante la meditación.

R. El corazón espiritual está localizado justo en el centro del pecho. Puedes sentir el corazón espiritual cuando aspiras intensamente y también puedes verlo con el tercer ojo. Si encuentras difícil meditar en el corazón espiritual, puedes concentrarte en el corazón físico en el pecho. Pero después de meditar ahí varios meses o un año, sentirás que dentro del corazón humano ordinario está el corazón divino y dentro del corazón divino está el alma. Cuando sientas esto, comenzarás a meditar en el corazón espiritual.

Para llegar al corazón espiritual tienes que sentir que no tienes mente, no tienes brazos, no tienes piernas, sólo tienes el corazón. Luego has de sentir que no *tienes* el corazón sino que *eres* el corazón. Cuando puedas sentir que eres el corazón y nada más, podrás llegar fácilmente a tu corazón espiritual durante la meditación.

P. Me resulta muy difícil dejar la mente y entrar en el corazón. ¿Qué debo hacer?

R. Simplemente, arroja la mente y todas sus posesiones en el corazón. Pensarás: «Si abandono mi mente, ¿cómo puedo existir? Me convertiré en un idiota». Pero has de saber que la mente que usas para hablar con la gente, la mente que usas para adquirir información, la mente que usas para tus actividades terrenales ordinarias, no te puede llevar ni una pulgada más hacia la realización de Dios. Es débil. Es ciega. Es sorda.

Trata de sentir que toda tu existencia, desde los pies hasta la coronilla de tu cabeza, es el alma. Repite devotamente: «Soy el alma, soy el alma». Si puedes repetir esto de todo corazón durante cinco minutos, la resistencia de la mente física se irá y sólo el alma existirá para ti. Una vez que vivas en el alma y traigas su luz al frente, esa luz llevará la mente física a las regiones más elevadas o hará descen-der la paz de lo alto. De cualquier manera, la mente física, tal como la conoces ahora, será transformada y no tendrás más problemas.

P. Cuando medito, a veces tengo problemas para distin-guir si realmente siento mi corazón o si es la mente.

R. Si es verdaderamente tu corazón, tendrás un sentimien-to de satisfacción pura. Si es la mente, puede que obtengas satisfacción, pero inmediatamente tendrás también duda. Tu experiencia será atacada por otros pensamientos: «Soy tan malo, tan impuro, tan ignorante... Esta mañana mentí y ayer hice otra cosa que estaba mal, así que, ¿cómo puedo tener este tipo de satisfacción?» Cuando surja este tipo de idea, entonces sabrás que tu experiencia vino de la mente.

Cuando recibas una experiencia de la mente, puede que te sientas alegre durante unos momentos. Pero la alegría no permanecerá, porque no podrás establecer tu identificación con lo que la mente ha visto o realizado. En cambio, cuan-do recibas una experiencia del corazón, inmediatamente sentirás tu unidad con ella y tu alegría será duradera.

Cuando ves una flor con la mente, la admiras y la adoras. Pero cuando la ves con el corazón, inmediatamente sientes que tu corazón está dentro de la flor o que la flor está dentro de tu corazón. De manera que cuando tengas una experiencia, si eres uno con la experiencia misma, sabrás que viene del corazón. Pero si sientes que la expe-riencia es algo que estás logrando fuera de ti, entonces viene de la mente.

63

P. ¿Cuál es la diferencia entre elevarse y profundizar en la meditación?

R. Hay una gran diferencia entre ambos métodos de meditación, aunque en última instancia la altura y la profundidad se convierten en una misma cosa. Cuando queremos profundizar en nuestra meditación, tenemos que comenzar nuestro viaje desde el corazón espiritual. Debiéramos sentir que estamos excavando o viajando a lo más profundo de nuestro corazón. Estamos viajando hacia dentro, no hacia atrás ni hacia abajo, ni hacia nuestros pies. Debajo de las rodillas comienza el plano de la inconsciencia. Si sentimos que vamos hacia abajo, no alcanzamos profundidad espiritual sino los planos inferiores de la conciencia. El corazón espiritual es infinitamente vasto, así que no hay límite a cuán profundo podemos ir. Nunca podremos tocar sus confines, porque el corazón espiritual abarca el vasto universo que vemos y es al mismo tiempo más vasto que el universo.

Cuando queremos elevarnos en la meditación, tenemos que sentir una dirección ascendente. Nuestra aspiración está subiendo, ascendiendo sin miedo hacia el Altísimo. Debemos pasar a través del loto de mil pétalos encima de nuestra cabeza. También aquí la distancia es infinitamente vasta. No hay fin en nuestro viaje hacia lo alto, porque viajamos en la Infinitud. Ascendemos hacia el siempre trascendente Más Allá. En términos de distancia, hacia arriba y hacia dentro son, ambos, viajes infinitos hacia una Meta, el Supremo.

Sin embargo, no podemos ascender utilizando la mente. Debemos pasar a través de la mente, más allá de ella y entrar en el reino del corazón espiritual. Éste es infinitamente más elevado y más vasto que el de la mente más elevada. Mucho más allá de la mente está el reino del corazón. El corazón es ilimitado en toda su amplitud, así que dentro del corazón se encuentra tanto lo más elevado como lo más profundo.

Cuanto más alto podamos subir, más podremos profundizar. Asimismo, cuanto más profundo podamos ir, más alto podremos subir. Funciona simultáneamente. Si podemos meditar poderosamente, sentiremos que vamos muy alto y muy profundo a la vez. La altura y la profundidad van juntas, pero trabajan en dos dimensiones separadas, por así decirlo. Pero si una persona puede ir muy alto en su meditación, entonces también tiene la capacidad de ir muy profundo.

Antes de realizar al Altísimo, sentimos que hay una diferencia entre la altura y la profundidad. Cuando ascendemos, sentimos que hemos llegado a cierta altura y cuando nos sumergimos en lo profundo de nosotros, sentimos que hemos alcanzado cierta profundidad. Pero la altura y la profundidad están ambas en la conciencia mental. Una vez sobrepasamos la barrera de la mente y entramos en la Conciencia Universal, vemos todo como uno e inseparable. En ese momento la Realidad baila y canta dentro de nosotros y nos convertimos en la Realidad misma, que no tiene altura, profundidad o longitud. Es toda una y al mismo tiempo se está trascendiendo a sí misma constantemente.

P. ¿Qué pasará si medito en el chakra del ombligo?

R. En este momento de tu desarrollo espiritual, no es una buena idea meditar en el centro del ombligo. Este centro es para el dinamismo, la fortaleza y el poder. Si usas mal este dinamismo, se convierte en agresión brutal. El centro del ombligo es también el centro emocional. Con esta emoción puedes expandirte y convertirte en el Infinito. Pero en vez de esto, si no tienes pureza abundante en tu naturaleza, serás víctima de la vida del placer terrenal. Debes meditar en el centro del corazón, para obtener paz, amor y gozo.

Cuando tengas estas cualidades, sentirás que la paz misma es poder, el amor mismo es poder, el gozo mismo es poder.

P. ¿Cuál es la relación entre el tercer ojo y el centro del corazón?

R. Digamos que el corazón es conciencia y el tercer ojo es luz, aunque no hay una diferencia real entre estas dos cosas. El tercer ojo tiene luz infinita y al mismo tiempo es luz infinita. El corazón espiritual posee conciencia infinita y es al mismo tiempo conciencia infinita. Pero la luz infinita y la conciencia infinita son una misma cosa. En este momento la luz infinita —a la cual estoy llamando el tercer ojo— es un edificio, y dentro del mismo reside el corazón. Pero al siguiente momento la conciencia infinita —a la cual estoy llamando el corazón— puede convertirse en el edificio, y el tercer ojo será el residente. Cambian constantemente, porque en realidad no están separados. A veces vemos luz antes de ver conciencia, mientras que otras veces vemos conciencia antes de ver luz. Sentimos que la que vemos primero es la fuente de la otra. Pero llegará el día en que veremos que la luz y la conciencia son inseparables.

El corazón, suele representar la dulzura y el amor y el tercer ojo representa el poder y la iluminación. Pero quienes sean muy sabios sentirán que el tercer ojo es también el corazón, pues, ¿qué es el corazón sino aquello que nos da satisfacción? ¿Y qué nos da satisfacción? ¡Sólo la luz! Así que si la luz del tercer ojo nos da satisfacción, entonces naturalmente estamos tratando con la cualidad del corazón. ¿Y qué nos da la más elevada sabiduría? La sabiduría viene sólo cuando vamos a lo más profundo de nuestro corazón, donde juegan el Infinito, la Eternidad y la Inmortalidad. Poseer la Infinitud, poseer la luz y el deleite infinitos eternamente como parte de nuestro ser, eso es la verdadera sabiduría. Así que podemos decir que la sabiduría viene del corazón.

P. ¿Es aconsejable tratar de abrir el tercer ojo en la meditación?

R.. El ojo interno debe ser abierto sólo cuando haya pureza y madurez interna y cuando no puedan perturbarte ni el pasado ni el futuro. En muchas ocasiones el recipiente no está preparado, pero el aspirante, a través de una tremenda determinación, logra abrir el tercer ojo. El resultado entonces es de lo más desalentador y destructivo. Cuando no estás maduro espiritualmente, si ves con tu tercer ojo que tu madre va a morir mañana, morirás tú hoy de ansiedad y preocupación. O si te das cuenta de algún incidente desafortunado que ocurrió en tu pasado, te sentirás extremadamente desgraciado y no tendrás la fortaleza para seguir avanzando.

Hay personas que han abierto el centro entre las cejas antes de haber abierto su corazón, y debido a la Gracia del Supremo no han cometido errores serios en el uso de este poder. Pero la mayoría de las veces, hasta que el centro del corazón no haya sido abierto y la parte emocional de nuestra naturaleza no haya sido purificada totalmente, si el aspirante abre el tercer ojo será víctima de despiadadas tentaciones. Tratará de ver algo internamente e inmediatamente lo dirá a los demás o tratará de entrar en alguien llevado por la curiosidad, para ver qué pasa en la naturaleza de esa persona. Hay mil y una cosas que pueden acabar por desviar al aspirante lejos, muy lejos del camino de la espiritualidad.

Para los principiantes, es especialmente aconsejable meditar siempre en el centro del corazón. De hecho, aunque estés avanzado debes meditar ahí, porque en el centro del corazón obtienes gozo y te conviertes en aquello en lo cual estás meditando. Si te concentras en el tercer ojo, puede que no tengas el sentimiento de unidad. Quizá veas luz pero sientas que no es tuya; pensarás que quizá no fue luz sino una alucinación mental o tu imaginación. Puede que la duda entre en tu mente. Pero cuando usas el corazón, sientes que la alegría que obtienes es tuya, la paz que sientes es tuya, cualquier cosa que sientes se convierte en algo tuyo. Ésta es la capacidad de unidad del corazón.

Oh mi corazón, oh corazón mío, tú eres el velero de mi vida. Tú navegas los mares inciertos de la ignorancia y alcanzas la Orilla Dorada del Más Allá. Oh dulce, más dulce, dulcísimo corazón mío, no sólo eres tú de Dios. Dios es también tuyo.

Capítulo 6

CONCENTRACIÓN, MEDITACIÓN Y CONTEMPLACIÓN: TRES PASOS HACIA LA AUTOSATISFACCIÓN

> ❈ *Nos concentramos porque queremos alcanzar la meta. Meditamos porque queremos vivir en el corazón de la meta. Contemplamos porque queremos convertirnos en la meta.*

El arco y la flecha

La Concentración es la flecha. La Meditación es el arco.

Cuando nos concentramos, enfocamos todas nuestras energías en algún sujeto u objeto para descubrir su verdad. Cuando meditamos, nos elevamos desde nuestra conciencia limitada a una conciencia más alta donde reina la inmensidad suprema del Silencio.

La concentración quiere apoderarse del conocimiento al que se dirige. La meditación quiere identificarse con el conocimiento que busca.

La concentración no permite que el ladrón de la distracción penetre su armadura. La meditación le permite entrar. ¿Por qué? Sólo para capturarle.

La concentración es el jefe que ordena a la conciencia dispersa que preste atención.

La concentración y la firmeza absoluta no sólo son inseparables, sino también interdependientes guerreros divinos.

La concentración desafía a duelo al enemigo. La meditación, con su sonrisa silenciosa, disminuye el desafío del enemigo.

La concentración le dice a Dios: «Padre, voy hacia Ti». La meditación le dice a Dios: «Padre, ven hacia mí».

Un aspirante tiene dos maestros verdaderos: la concentración y la meditación. La concentración siempre es estricta con el estudiante; la meditación es estricta a veces. Pero ambas se interesan solemnemente en el progreso de su estudiante.

El Poder de la Concentración

La concentración significa desvelo y vigilancia interior. Hay ladrones dentro y alrededor de nosotros. El miedo, la duda, la preocupación y la ansiedad son ladrones internos que tratan de robar nuestro equilibrio interior y nuestra serenidad de espíritu. Cuando aprendemos a concentrarnos, es muy difícil para estas fuerzas hostiles entrar en nosotros. Si la duda entra en nuestra mente, el poder de la concentración la destrozará. Si el miedo entra en nuestra mente, el poder de la concentración lo ahuyentará. Actualmente somos víctimas de pensamientos oscuros, pensamientos sin luz, destructivos. Pero llegará el día en que, en virtud de nuestra concentración, los pensamientos negativos tendrán miedo de nosotros. La concentración es la voluntad dinámica de la mente, que actúa en nosotros para luz y rechacemos la oscuridad. Es como un guerrero divino dentro de nosotros. Lo que la concentración puede hacer por nosotros en nuestra vida de aspiración es inimaginable. Puede fácilmente separar el cielo del infierno, para que podamos vivir aquí en la Tierra en el deleite constante del cielo y no en las eternas preocupaciones, ansiedades y torturas del infierno.

La concentración es la manera más segura de lograr nuestra meta, ya sea ésta la realización de Dios o la satisfacción de nuestros deseos humanos. Un verdadero aspirante tarde o temprano adquiere el poder de la concentración a través de la Gracia de Dios, de la práctica constante o a través de su propia aspiración.

La voluntad indomable del alma

Cuando nos concentramos, somos como una bala que entra en algo o como un imán atrayendo el objeto de concentración hacia nosotros. En ese momento, no dejamos entrar en la mente ningún pensamiento, sea divino o no divino, terrenal o celestial, bueno o malo. En la concentración la mente entera tiene que estar concentrada en un objeto o sujeto en particular. Si estamos concentrándonos en el pétalo de una flor, tratamos de sentir que nada existe en el mundo aparte de nosotros y ese pétalo. No miramos ni hacia delante ni hacia atrás, ni arriba ni adentro; sólo tratamos de penetrar el objeto con nuestra aguzada concentración. Ésta no es una manera agresiva de mirar o de entrar en un objeto. Esta concentración viene directamente de la voluntad indomable del alma, o fuerza de voluntad.

Cuando quieras practicar la concentración en un objeto, debes escoger algo que te dé alegría inmediata. Si tienes un Maestro, la foto de tu Maestro te dará alegría inmediata.

Si no tienes un Maestro, elige algo que sea muy bello, puro y divino, como una flor, por ejemplo.

❦ *Nos concentramos con la agudeza iluminadora de la mente. Meditamos con la vastedad expansiva del corazón. Contemplamos con la unidad colmadora del alma.*

Concentrándose desde el corazón

Muy a menudo escucho a los aspirantes decir que no pueden concentrarse más de cinco minutos. Después de cinco minutos les duele la cabeza o la sienten como si ardiera. ¿Por qué? Porque la fuerza de su concentración viene de la mente intelectual o, podemos decir, de la mente disciplinada. La mente sabe que no debe divagar; la mente tiene ese conocimiento. Pero si la mente va a ser utilizada correctamente, de una manera iluminada, entonces la luz del alma tiene que entrar en ella. Cuando la luz del alma entra en la mente, es muy fácil concentrarse en algo durante horas y horas. En ese momento no habrá ni pensamientos, ni dudas, ni miedo. Ninguna fuerza negativa puede entrar en la mente si está recargada con la luz del alma.

Cuando nos concentramos, tenemos que sentir que nuestro poder de concentración viene de dentro del corazón y sube hasta nuestra mente. El centro del corazón es donde se encuentra el alma. En este momento, al pensar en el alma es mejor no formar ninguna idea específica de cómo es ni cómo se ve. Sólo pensaremos acerca del alma como representante de Dios o como luz y deleite sin límites. Cuando nos concentramos, tratamos de sentir que la luz del alma viene del corazón y pasa por nuestra mente. Entonces, con esta luz, entramos en el objeto de nuestra concentración y nos identificamos con él. La etapa final de la concentración es descubrir la Verdad última que se encuentra escondida en el objeto.

La Visión del Infinito: la Meditación

Cuando nos concentramos, enfocamos nuestra atención en una cosa específica. Pero cuando meditamos, sentimos que tenemos dentro la capacidad de ver muchas cosas, de tratar con muchas cosas y dar la bienvenida a muchas cosas al mismo tiempo. Cuando meditamos tratamos de expandirnos, como un pájaro abriendo sus alas. Tratamos de expandir nuestra conciencia finita y entrar en la Conciencia Universal donde no hay miedo, celos o dudas, sino tan sólo gozo, paz y poder divinos.

La meditación significa nuestro crecimiento consciente hacia el Infinito. Cuando meditamos, lo que hacemos en realidad es entrar en una mente vacía, calmada, silenciosa y permitir que la Infinitud misma nos alimente y nos cuide. Cuando estamos en meditación, sólo queremos comulgar con Dios. Ahora les estoy hablando en español y me pueden entender porque comprenden el español muy bien. Igualmente, cuando sepamos meditar bien, podremos comulgar con Dios, porque la meditación es el lenguaje que utilizamos para hablar con Dios.

Un mar de tranquilidad

La meditación es como ir al fondo del mar, donde todo es calma y tranquilidad. Puede haber muchísimas olas en la superficie, pero no afectan al fondo del mar. En su hondísima profundidad, el mar es todo silencio. Cuando comenzamos a meditar, primero tratamos de alcanzar nuestra propia existencia interna, nuestra verdadera existencia; es decir, el fondo del mar. Entonces, cuando las olas del mundo externo vengan, no nos afectarán. El miedo, la duda, la preocupación y todas las molestias terrenales desaparecerán, porque dentro de nosotros hay una paz firme. Los pensamientos no nos tocarán, porque la mente es todo paz, silencio y unidad. Como los peces del mar, saltan y nadan pero no dejan huellas. Cuando estamos en nuestra más elevada meditación, sentimos que somos el fondo del mar y que los animales del mar no nos afectarán. Sentimos que somos el cielo y que ninguno de los pájaros que pasan volando nos afectará. Nuestra mente es el cielo y nuestro corazón es el mar infinito. Esto es la meditación.

Convirtiéndonos en la Verdad: la Contemplación

A través de la concentración enfocamos. A través de la meditación expandimos nuestra conciencia hacia el Infinito y entramos en su conciencia. Pero a través de la contemplación nos convertimos en el Infinito mismo y su conciencia se convierte en nuestra conciencia. En la contemplación estamos a la vez en nuestra más profunda concentración y nuestra más elevada meditación. En la contemplación crecemos hacia la verdad que hemos visto y sentido en nuestra meditación y logramos la unidad absoluta con esa verdad. Cuando nos concentramos en Dios, tal vez le sintamos justo en frente de nosotros o a nuestro lado. Cuando meditamos, sentimos la Infinitud, la Eternidad y la Inmortalidad dentro de nosotros. Pero cuando contemplamos, nos convertimos en Dios, en la Infinitud, la Eternidad y la Inmortalidad. La contemplación significa nuestra unidad consciente con el Absoluto infinito y eterno. En la contemplación el Creador y la creación, el amante y el Amado, el conocedor y lo conocido, son uno. En un momento somos el amante divino y Dios es el Amado Supremo. Al momento siguiente cambiamos los papeles. En la contemplación somos uno con el Creador y vemos el universo entero dentro de nosotros. En ese momento, cuando observamos nuestra propia existencia, no vemos a un ser humano. Nos vemos como una dinamo de luz, paz y deleite.

> ❁ *La concentración nos da el mensaje de la vigilancia. La meditación nos da el mensaje de la inmensidad. La contemplación nos da el mensaje de la unidad inseparable.*

Meditación vs. contemplación

Si meditamos en una cualidad específica como la paz, la luz o el deleite o si meditamos de una manera abstracta en la Infinitud, la Eternidad o la Inmortalidad, entonces sentiremos todo el tiempo dentro de nosotros un tren expreso moviéndose hacia delante. Estamos meditando en la paz, la luz o el deleite mientras el tren se está moviendo constantemente. Nuestra mente está calmada y callada en la inmensidad de la Infinitud, pero hay un movimiento: un tren se mueve sin cesar hacia la meta. Estamos visualizando una meta y la meditación nos está llevando a ella.

En la contemplación no es así. En la contemplación sentimos que el universo entero y la más lejana meta están dentro de nosotros. Cuando contemplamos sentimos que tenemos el universo entero dentro de nosotros, con su luz, su paz, su deleite y su verdad. No hay pensamiento, forma o idea.

En la contemplación todo se une en un manantial de

conciencia. En nuestra contemplación más elevada sentimos que somos sólo la conciencia misma; somos uno con el Absoluto. Pero en nuestra meditación más elevada existe un movimiento dinámico en nuestra conciencia. Estamos plenamente conscientes de lo que está pasando en el mundo interno y en el mundo externo, pero no nos afecta. En la contemplación, tampoco somos afectados por lo que ocurre en los mundos internos y externos, pero nuestra existencia entera se ha hecho parte integral del universo, el cual estamos conteniendo profundamente dentro de nosotros.

Cómo lograrlo

Ejercicios de Concentración

1. El punto

Si quieres desarrollar el poder de la concentración, he aquí un ejercicio que puedes practicar. Primero, lávate bien la cara y las manos con agua fría. Luego, dibuja un punto negro en la pared al nivel de los ojos. Colócate en frente del punto, a unos veinticinco centímetros de distancia y concéntrate en él. Después de varios minutos, trata de sentir que cuando estás inhalando, tu aliento viene del punto y que el punto también está inhalando y obteniendo su aliento de ti. Trata de sentir que hay dos personas: tú y el punto negro. Tu aliento viene del punto y su aliento viene de ti.

En diez minutos, si tu concentración es muy poderosa, sentirás que tu alma ha salido de ti y ha entrado en el punto negro en la pared. En ese momento trata de sentir que tú y tu alma estáis conversando. Tu alma te está llevando al mundo de las almas para la realización, y tú estás trayendo el alma al mundo físico para la manifestación.

De esta manera puedes desarrollar tu poder de concentración muy fácilmente. Pero este método debe ser practicado. Hay muchas cosas que son muy fáciles con la práctica, pero como no las practicamos no obtenemos el resultado.

2. La visión y la realidad

Otro ejercicio que puedes intentar es el siguiente: primero, dibuja un círculo muy pequeño en la pared, al nivel de los ojos, y dentro del mismo haz un punto negro. Debe ser negro; no azul ni rojo ni de ningún otro color. Entonces colócate mirando a la pared, a un metro de distancia y enfoca la atención en el círculo. Tus ojos deben estar relajados y entreabiertos. Permite que la fuerza de la concentración venga desde el centro de la frente. Después de tres o cuatro minutos, abre los ojos por completo y trata de sentir que eres todo ojos de pies a cabeza. Toda tu existencia física se ha convertido en visión, y esa visión está enfocada en el punto dentro del círculo. Entonces comienza a hacer el objeto de tu concentración más pequeño. Después de unos segundos trata de sentir que tu cuerpo entero es tan pequeño como el punto en la pared. Trata de sentir que el punto es otra parte de tu existencia. Entonces entra en el punto, atraviésalo y ve al otro lado. Desde el otro lado del punto, mira tu propio cuerpo. Tu cuerpo físico está en un lado, pero con la fuerza de tu concentración has enviado tu cuerpo sutil al otro lado del punto. A través de tu cuerpo sutil estás viendo tu cuerpo físico y a través de tu cuerpo físico estás viendo tu cuerpo sutil.

❦ *Me concentro para el éxito en el viaje de mi vida. Medito para el progreso en el viaje de mi vida. Contemplo para el proceso de Dios en el viaje de mi vida.*

Cuando comenzaste a concentrarte, tu cuerpo entero se transformó en visión. En ese momento el punto era tu realidad. Cuando entraste en el punto, la visión y la realidad se hicieron una. Tú eras la visión y también eras la realidad. Cuando te miraste desde el punto, el proceso fue invertido. En ese momento te convertiste en la visión fuera de ti y el lugar al cual regresaste —tu cuerpo— era la realidad. Entonces, la visión y la realidad se hicieron una de nuevo. Cuando puedas ver la visión y la realidad de esta manera, tu concentración será absolutamente perfecta. Cuando el poder de la concentración te pueda llevar al otro lado del punto, al cual tú llamabas realidad, en ese momento tu existencia entera estará mucho más allá de la visión y la realidad. Y cuando sientas que has trascendido tu visión y tu realidad, tendrás poder sin límites.

3. Mi amigo el corazón

De la misma manera que puedes concentrarte en la punta de un dedo, en una vela o en cualquier otro objeto material, también puedes concentrarte en el corazón. Puedes cerrar los ojos o mirar a una pared, pero todo el tiempo pensarás en tu corazón como en un amigo querido. Cuando este pensamiento se intensifica, cuando absorbe toda tu atención, habrás pasado del pensar ordinario a la concentración. No puedes ver físicamente tu corazón espiritual, pero puedes concentrar toda tu atención en él. Entonces, gradualmente, el poder de tu concentración entra en tu corazón y te lleva completamente fuera del dominio de la mente.

Si no tienes pureza en abundancia, si numerosos deseos terrenales poseen tu corazón, entonces, antes de concentrarte en el corazón, debes invocar la pureza. La pureza es el sentimiento de tener un altar vivo en lo más íntimo y profundo de tu corazón. Cuando sientes la presencia divina de un altar interno, automáticamente eres purificado. En ese momento tu concentración en el corazón será efectiva al máximo.

4. El latido de la vida

A algunos aspirantes les gusta concentrarse en el latido de su corazón. Si quieres hacer esto, no temas que el corazón va a dejar de latir y vas a morir. Si quieres ser un verdadero héroe en tu vida espiritual, puedes practicar la concentración en el latido de tu corazón. Ésta es tu oportunidad dorada para entrar en la vida sin fin. Cada vez que escuches el sonido del latido de tu corazón, siente ahí de inmediato tu vida infinita e inmortal.

5. La flor interna

Para este ejercicio necesitarás una flor. Con los ojos entreabiertos, mira la flor durante varios segundos. Mientras estás concentrándote, trata de sentir que tú eres la flor. Al mismo tiempo, trata de sentir que la flor está creciendo en lo más profundo de tu corazón. Siente que eres la flor y que estás creciendo dentro de tu corazón.

A continuación, trata de concentrarte en un pétalo de la flor. Siente que este pétalo que has escogido es la semilla de tu existencia-realidad. Después de varios minutos, concéntrate en la flor entera de nuevo y siente que es la Realidad Universal. De esta manera ve de la una a la otra, concentrándote primero en el pétalo —la semilla de tu realidad— y luego en la flor entera —la Realidad Universal—. Mientras estás haciendo esto, por favor no permitas que ningún pensamiento entre en tu mente. Intenta mantenerla totalmente calmada, callada y quieta. Después de algún tiempo, cierra los ojos y trata de ver la flor, en la que te estabas concentrando, dentro de tu corazón. Entonces, de la misma manera que te concentraste en la flor física, concéntrate en la flor dentro de tu corazón, con los ojos cerrados.

Ejercicios de Meditación

1. La rosa-corazón

Imagina una flor dentro de tu corazón. Supongamos que prefieres una rosa. Imagina que la rosa no ha florecido totalmente; todavía es un capullo. Después de haber meditado durante dos o tres minutos, intenta imaginar que, pétalo a pétalo, la flor está abriéndose. Visualiza y siente la flor abriéndose pétalo a pétalo dentro de tu corazón. Después de cinco minutos, trata de sentir que no hay corazón en absoluto; sólo hay una flor dentro de ti, llamada «corazón». No tienes corazón, sólo una flor. La flor se ha convertido en tu corazón o tu corazón se ha convertido en una flor.

Después de siete u ocho minutos, por favor, siente que esta flor-corazón ha cubierto tu cuerpo entero. Tu cuerpo ya no está allí; de la cabeza a los pies puedes sentir la fragancia de la rosa. Si miras tus pies, inmediatamente sientes la fragancia de una rosa. Si miras tu rodilla, sientes la fragancia de una rosa. Si miras tu mano, sientes la fragancia de una rosa. En todas partes, la belleza, la fragancia y la pureza de la rosa han inundado tu cuerpo entero. Cuando sientas, de pies a cabeza, que has llegado a ser únicamente la belleza, la fragancia, la pureza y el deleite de la rosa, entonces estarás listo para ofrecerte a los pies de tu Amado Supremo.

2. Un río de conciencia

Cuando medites, trata de traer tres cosas a tu mente: pureza en todo tu ser, humildad en todo tu ser y gratitud en cada parte de ti, en cada célula. Cuando inhales y exhales, siente que un río de conciencia está fluyendo a través de ti sin ningún impedimento. Siente que este río de conciencia está fluyendo dentro y fuera de ti en unidad constante con la Fuente, el Supremo.

3. Ofrenda a Dios

Cuando respìres, siente que estás inhalando las cualidades inmortales de Dios, y cuando exhales, siente que le estás ofreciendo a Dios tu ignorancia. Ahora mismo sentimos que la ignorancia es nuestra posesión. Aunque decimos que la ignorancia es muy mala, no queremos deshacernos de ella. Pero tenemos que saber que la ignorancia no es nuestra posesión real; nuestras posesiones reales son la luz, la paz y el deleite. Durante la meditación, ofrécele a Dios tus posesiones falsas y recibe de Dios tus posesiones verdaderas. Pídele a Dios que tome lo que tienes y lo que eres y que te dé lo que Él tiene y lo que Él es. Lo que tú tienes es aspiración, el llanto interno para ser divino. Lo que eres es ignorancia. Pídele a Dios que tome ambas, tu aspiración y tu ignorancia y que te dé lo que Él tiene y lo que Él es: Infinitud, Eternidad e Inmortalidad.

4. El ser dorado

Trata de sentir que estás dentro del corazón de Dios, el Piloto Interno. Aunque no has visto al Supremo, simplemente imagina mentalmente un ser humano que es totalmente dorado. Imagina que Él está justo en frente de ti y que tú estás en Su corazón, en Su regazo o a Sus pies. No pienses que tienes dieciocho o cuarenta o sesenta años de edad. Piensa que tienes un mes de edad y que estás dentro del corazón mismo del Supremo o en Su regazo.

5. La inmensidad del cielo

Mantén los ojos entrabiertos e imagina el vasto cielo. Al principio trata de sentir que el cielo está frente a ti; luego trata de sentir que eres tan vasto como el cielo o que tú mismo eres el vasto cielo.

Después de algunos minutos, por favor, cierra los ojos y trata de ver y sentir el cielo dentro de tu corazón. Por favor, siente que tú eres el corazón universal y que dentro de ti está el cielo en el cual meditaste y con el cual te identificaste. Tu corazón espiritual es infinitamente más vasto que el cielo, así es que fácilmente puedes abarcar el cielo dentro de ti.

Un ejercicio de Contemplación

Jugando al escondite

Trata de imaginar un ser dorado y siente que es infinitamente más bello que el niño más hermoso que hayas visto jamás en la Tierra. Éste es tu Amado Señor Supremo. Tú eres el amante divino y el ser dorado es tu Amado Señor Supremo.

Ahora trata de imaginar que tu propia existencia y la de tu Amado están en la cima de una montaña en los Himalayas o en el fondo del Océano Pacífico, lo que sea más fácil para ti. Una vez sientas esto, sonríe internamente. Después de algunos segundos, por favor, siente que tú mismo eres el Amado Supremo y que el ser dorado es tu amante divi-

no. Es como jugar al escondite. Cuando te conviertes en el Amado Supremo, el amante divino te busca y cuando te conviertes en el amante divino, tú buscas al Amado Supremo. En este momento eres el amante divino y al momento siguiente eres el Amado Supremo.

Al principio, por favor, haz esto con tus ojos entreabiertos. Cuando seas un experto, puedes cerrar los ojos.

Preguntas y respuestas

P. Cuando me siento a meditar, tengo que concentrarme tanto para mantener mi mente calmada, que no puedo conectar con mi ser interno.

R. Puede que no lo sepas, pero estás haciendo lo correcto. Cuando intentas calmar y aquietar tu mente, estás concentrándote. En la concentración controlas tus pensamientos y emociones. La concentración tiene que abrir camino para la meditación. Para poder meditar tienes que haber disciplinado hasta cierto nivel tu vida emocional y tu mente inquieta. Cuando tengas éxito en ahuyentar los pensamientos que perturban tu mente, tarde o temprano tu ser interno saldrá al frente, como el sol ardiente disipando las nubes. Ahora mismo, el sol interno está cubierto por nubes: pensamientos, ideas, dudas, miedos, etcétera. Cuando los puedas ahuyentar, verás que tu ser interno está brillando, reluciente y radiante, justo en frente de ti.

P. ¿Cómo puede saber uno si está concentrándose o meditando?

R. Cuando es concentración, hay una tremenda intensidad; es como una flecha entrando en el blanco. Si sientes una fuerza intensa dándote energía, entonces es el resultado de tu concentración. Pero en la meditación hay paz y un sentimiento de inmensidad alrededor, especialmente en la mente. Si sientes dentro de ti un mar inmenso de paz, luz y deleite, se debe a tu meditación. La meditación es todo paz, calma y vastedad. Hay intensidad, pero la intensidad es inundada por la luminosidad. En la concentración no tiene por qué haber y muchas veces no hay la más elevada luminosidad.

La concentración también quiere resultados inmediatos. Está dispuesta a hacer lo que sea para lograr su meta. La meditación siente que tiene una cantidad infinita de tiempo a su disposición. Eso no quiere decir que la meditación descuida el tiempo fugaz. No, la meditación aprecia el tiempo fugaz, pero dentro del tiempo fugaz ve el tiempo infinito. Por eso la meditación tiene paz infinita dentro de sí misma.

No le des preferencia a ninguna de estas dos experiencias. Si el Supremo quiere concentrarse en y a través de ti, lo permitirás. Y si quiere meditar en y a través de ti, también lo permitirás.

P. Una vez que hayamos aprendido a meditar, ¿debemos dejar de practicar la concentración?

R. Como regla general, los aspirantes que están comenzando en la vida espiritual deben practicar la concentración por lo menos durante varios meses. Una vez hayan aprendido a concentrarse, entonces la meditación será fácil. Pero incluso cuando hayas aprendido a meditar, es una buena idea concentrarse durante varios minutos antes de comenzar la meditación diaria. Si te concentras, eres como un corredor que quita los obstáculos de la pista antes de comenzar a correr. Una vez la pista esté libre de obstáculos, puedes correr muy rápido. En ese momento eres como un tren expreso que se detiene solamente en su última parada.

P. Una vez que hayamos meditado, ¿cómo contemplamos?

R. La contemplación viene después de muchos años, cuando uno está muy avanzado en la vida espiritual. La contemplación es el escalón más alto en la escalera interna. Muy pocos aspirantes tienen la capacidad de hacer una contemplación limitada y ciertamente no lo pueden hacer a voluntad. La contemplación tiene que ser lograda antes de la realización, así es que no puede ser ignorada o evitada. Pero en tu caso, la necesidad de la contemplación no ha llegado porque tu concentración y tu meditación no son perfectas todavía. Cuando tu concentración sea perfecta y tu meditación sea perfecta, en ese momento tu contemplación también tendrá que ser perfeccionada. Entonces, realmente, podrás entrar en lo Altísimo.

🌸 *¿Cómo puedes triunfar en tu vida externa si no tienes el poder de la concentración? ¿Cómo puedes avanzar en tu vida interna si no tienes la paz de la meditación?*

Capítulo 7

DOS ALAS PARA VOLAR:
LA ORACIÓN Y LA MEDITACIÓN

🌸 *Nuestra oración nos da una vida de paz. Nuestra meditación nos da un corazón bello.*

Yo rezo, yo medito

Yo rezo. ¿Por qué rezo? Rezo porque necesito a Dios. Yo medito. ¿Por qué medito? Medito porque Dios me necesita.

Cuando rezo, pienso que Dios está arriba, encima de mi cabeza. Cuando medito, siento que Dios está dentro de mí, dentro de mi corazón.

La oración dice: «Estoy desamparado, soy impuro, soy débil. Te necesito, oh Supremo Señor, para que me fortalezcas, para que me purifiques, para que me ilumines, para que me perfecciones, para que me inmortalices. Te necesito, oh Supremo Señor». La meditación dice: «Supremo Señor, debido a Tu generosidad infinita, me has escogido para ser Tu instrumento y manifestarte aquí en la Tierra a Tu propia manera. Pudiste haber escogido a otra persona para este papel, pero me has dado a mí la oportunidad dorada. Te ofrezco mi gratitud constante, mi corazón de gratitud». La oración es pureza. Purifica la mente, la cual es siempre víctima de la duda, el miedo, la preocupación y la ansiedad y está siempre acosada por pensamientos y movimientos negativos. Cuando oramos, la purificación tiene lugar en nuestra mente y la pureza aumenta nuestra receptividad hacia Dios. De hecho, la pureza no es otra cosa que receptividad hacia Dios. Cada vez que oramos, nuestra vasija interna se hace grande, más grande, grandísima. Entonces la pureza, la belleza, la luz y el deleite pueden entrar en esa vasija y jugar juntos en lo más profundo de nuestro corazón.

La meditación es luminosidad. Ilumina nuestro corazón. Cuando la iluminación tiene lugar en nuestro corazón, la inseguridad y el vacío desaparecen. En ese momento cantamos la canción de la unidad inseparable con la Conciencia Universal y la Conciencia Trascendental. Cuando nuestro corazón es iluminado, lo finito en nosotros entra en el Infinito y se convierte en el Infinito mismo. La esclavitud de siglos y siglos nos abandona y la libertad de la Verdad y la Luz infinitas nos da la bienvenida.

La oración le dice a Dios: «Amado Supremo, Tú eres mío. Te reclamo como propiamente mío. Otórgame tus cualidades divinas en medida infinita para que yo pueda ser Tu instrumento perfecto aquí en la Tierra».

La meditación le dice a Dios: «Oh Amado Supremo, yo soy Tuya. Me puedes utilizar según Tu dulce Voluntad a cada momento, por toda la Eternidad. A través de mí puedes colmarte aquí en la Tierra y allá en el Cielo».

🪷 *La mejor definición de la oración es practicarla diariamente. La mejor definición de la meditación es sentirla devotamente. La mejor definición del*

*yoga es vivirlo sinceramente. La mejor definición
de Dios es amarle a Él y sólo a Él, incondicionalmente.*

La oración es algo absolutamente intenso y ascendente.
Cuando oramos, sentimos que nuestra existencia es una
llama subiendo directa hacia lo alto. Desde la punta de los
pies hasta la coronilla de nuestra cabeza, todo nuestro ser
está invocando y clamando hacia arriba. La naturaleza misma de la oración es llegar a Dios ascendiendo.

La meditación es algo amplio y vasto que acaba expandiéndose en el Infinito. Cuando meditamos, nos lanzamos
hacia un espacio vasto, hacia un mar infinito de paz y deleite
o damos la bienvenida al vasto infinito dentro de nosotros. La
oración se eleva; la meditación se expande. La meditación
crece y se expande constantemente hacia la paz, la luz y el
deleite. Cuando meditamos, gradualmente vemos, sentimos y
nos convertimos en el universo entero de luz y deleite.

Hágase Tu voluntad

Cuando rezamos, muy a menudo hay un deseo sutil por
algo, por conseguir algo o ser algo. Podemos llamarlo
aspiración porque estamos rezando para ser buenos, para
obtener algo divino que no tenemos o para ser librados del
miedo, los celos, la duda y cosas por el estilo. Pero siempre
hay, de parte nuestra, una tendencia sutil a empujar o tirar
desde dentro.

También hay siempre el sentimiento de ser —usemos
el término— un mendigo divino. Sentimos que Dios está
en lo alto, mientras que nosotros estamos abajo. Vemos un
abismo inmenso entre Su existencia y la nuestra. Miramos
arriba hacia Él y le imploramos, pero no sabemos cuándo o

en qué medida Dios va a satisfacer nuestras oraciones. Sentimos que estamos desamparados. Simplemente pedimos y entonces esperamos que una, dos o tres gotas de compasión, luz o paz desciendan sobre nosotros. A veces hay un sentimiento de dar y recibir. Decimos: «Señor, Te estoy dando mi oración, así que, por favor, haz algo por mí. Por favor, ayúdame, sálvame, satisfáceme».

Pero en la meditación no le pedimos a Dios ninguna ayuda, bendición o cualidad divina; simplemente, entramos en el océano de Su Realidad. En ese momento Dios nos da más de lo que pudiéramos imaginar. En la oración sentimos que no tenemos nada y Dios lo tiene todo. En la meditación sabemos que lo que Dios tiene, o lo tenemos ya o vamos a tenerlo algún día. Sentimos que lo que Dios es, lo somos nosotros también, pero que todavía no hemos sacado nuestra divinidad adelante. Cuando rezamos, le pedimos a Dios aquello que queremos. Pero cuando meditamos, Dios derrama sobre nosotros todo aquello que necesitamos. Vemos y sentimos que el universo entero está a nuestra disposición. El Cielo y la Tierra no pertenecen a otro; son nuestra propia realidad. La oración más elevada es: «Hágase Tu voluntad». Éste es absolutamente el alcance más elevado de la oración y, a la vez, el comienzo de la meditación. La meditación comienza donde la oración completa su viaje. En la meditación no decimos nada, no pensamos nada, no queremos nada. En el mundo de la meditación el Supremo está actuando en y a través de nosotros para su propia plenitud. El mundo de la oración siempre está pidiendo algo. Pero el mundo de la meditación dice: «Dios no es sordo ni ciego. Él sabe lo que tiene que hacer para colmarse a Sí mismo en y a través de mí. Así que yo simplemente creceré hacia lo alto en un silencio devoto».

Dos caminos hacia la realización

La oración y la meditación son como dos caminos. La oración es siempre para nosotros mismos, para nuestra vida, para nuestros seres queridos en nuestro pequeño mundo. Si rezamos bien, Dios nos dará dos alas para volar arriba. Pero la meditación es para el mundo entero. Cuando meditamos bien, sentimos la unidad con nuestra propia realidad expandida. Si podemos seguir el camino de la meditación, seremos guerreros divinos. En ese momento podremos llevar sobre nuestros hombros el peso de toda la humanidad. Cuando satisfacemos nuestra vida de meditación, satisfacemos no sólo a Dios sino también a nosotros mismos y al mundo entero.

Para aquellos que quieren realizar al Altísimo, la meditación es de suma importancia. Pero ha habido santos en Occidente que han realizado a Dios a través de la oración solamente. No conocían el concepto de la meditación. Pero la intensidad de sus oraciones y su aspiración les llevaron al mundo de la meditación y aún más allá. Ambos acercamientos son efectivos. Cuando oramos, subimos hacia Dios; cuando meditamos, Dios desciende hacia nosotros. Finalmente, el resultado puede ser el mismo.

La necesidad de la oración

Si uno llega a ser avanzado en la meditación, la oración no es necesaria. En ese momento realizaremos que Dios siempre conoce nuestras necesidades y nos quiere infinitamente más de lo que nosotros nos queremos. La oración no es necesaria, porque pertenecemos a Dios y somos Su propiedad. Cuando renunciamos a nuestros objetivos personales y nos entregamos completamente, en ese momento Dios nos reclama como Suyos y nos convierte en Sus instrumentos escogidos.

Pero hasta que lleguemos a estar muy avanzados en nuestra vida espiritual y podamos sentir nuestra unidad con Dios, la oración es necesaria. Si obtenemos algo a través de la oración, podemos decirle al mundo: «Recé por esto; por eso lo conseguí. ¡Mira, así de cercano estoy a mi Padre!». Somos como niños hambrientos. Le pedimos comida a nuestra madre y ella nos alimenta. Sí, ella nos habría alimentado por cuenta propia, pero el hecho de pedirle comida y que ella escuche nuestra petición, nos alegra. Esto convence a nuestra mente de que ella realmente nos quiere. Debido a nuestra conexión interna y cercanía con nuestra madre, podemos pedirle cualquier cosa.

Dios podría hacer todo por nosotros incondicionalmente, pero esto no nos daría el mismo tipo de satisfacción. En una carrera, si corres la distancia completa, te sentirás muy contento al recibir un trofeo. Corriste muy duro y terminaste con gran dificultad, y sientes que te has ganado el trofeo. Pero si alguien que es un simple espectador recibe un trofeo, esa persona no se sentirá satisfecha, porque no ha hecho nada para ganárselo. Dios puede dar todo incondicionalmente, pero obtenemos más satisfacción si Él nos da algo después de que hemos rezado y trabajado por ello.

🪷 *Lo que mi oración necesita es un árbol de paciencia. Lo que mi meditación necesita es una flor de gratitud.*

Hemos de saber, sin embargo, que al rezar nos sentimos, como individuos, separados de Dios. Sentimos que Él está en un lugar y nosotros estamos en otro. En ese momento no estamos en nuestra conciencia más elevada, en la cual sentimos que somos uno con Dios. Si sentimos que

Dios y nosotros somos uno, entonces la idea de la oración no surge, porque en ese momento nuestras necesidades son Sus necesidades.

La oración, podemos decir, intensifica nuestra intimidad con el Supremo, mientras que la meditación aumenta nuestra unidad con el Supremo. Primero tenemos que sentir que Dios y nosotros somos amigos íntimos; luego, podemos realizar nuestra realidad de unidad con Dios. Antes de meditar, si podemos rezar algunos minutos, podemos desarrollar nuestra conexión íntima con el Supremo. Entonces podemos meditar para ser uno con Él.

En la vida espiritual más elevada no hay comparación entre la oración y la meditación. La meditación es infinitamente más profunda y más amplia que la oración. En Occidente, la oración es utilizada por los aspirantes con gran eficacia. Pero un verdadero aspirante que quiere ir hacia la Verdad Última debe sentir que la meditación es el peldaño más alto en la escalera hacia la realización de Dios. Cuando meditamos vemos, sentimos y nos convertimos en el universo entero de luz y deleite.

Preguntas y respuestas

P. Quisiera saber si debería rezar por algo que quiero o si debería rezar solamente para que se haga la Voluntad de Dios.

R. Rezar para que se haga la Voluntad de Dios es la oración más elevada. Pero un principiante encuentra que es casi imposible rezar a Dios para que le satisfaga a Su propia manera. Así que, al principio, es aconsejable para el aspirante rezar a Dios por aquello que sienta que más necesita, ya sea paciencia, pureza, sinceridad, humildad, paz o cosas por el estilo. Entonces Dios le dará al aspirante un poco de paz, luz y deleite, que son los precursores de algo infinito que vendrá luego a su ser interno. Una vez que el aspirante haya recibido un poco de paz, luz y deleite y estas cualidades se hayan establecido hasta cierto punto en su ser interno, en ese momento tendrá cierta confianza en la mano de Dios y también en su propia vida de aspiración.

Cuando alguien está progresando rápidamente o está un poco avanzado, siente que hay cierta realidad dentro de sí y que esta realidad no le defraudará o le abandonará. Siente que Dios es plenamente consciente de lo que él necesita desesperadamente y que está dispuesto a ofrecérselo. Cuando un aspirante siente este tipo de confianza dentro de sí, es el momento de orar: «Hágase Tu voluntad». En ese momento puede decir sinceramente: «Dios, quiero complacerte solamente a Tu propia manera».

🪷 *La oración es expresada mejor en mi vida diaria cuando mi oración se ha convertido en una entrega espontánea a la voluntad de Dios.*

P. ¿Cómo podemos orar más efectivamente?

R. Para orar más efectivamente, tu oración debe ser externamente silenciosa, pero puedes formar una frase o varias palabras, las cuales convencerán a tu mente aspirante. El corazón ya está aspirando, pero la mente necesita aspirar. Así que es mejor que la oración tome la forma de varias palabras.

Puedes formar la oración escribiéndola en tu corazón. Trata de verla ahí. Una vez esté escrita, puedes regresar varias veces a verla. Si quieres repetir la oración, está bien, pero no tienes por qué hacerlo. Cuando repitas tu oración puedes escoger, o escribirla en tu corazón y leerla una y otra vez o escribir contínuamente la misma cosa —lo que más alegría te dé.

P. ¿Cómo podemos hacer que nuestra oración sea más intensa?

R. Puedes hacer la oración más intensa utilizando tu corazón de gratitud. Mientras estás rezando, debes sentir que la oración viene de tu corazón y tienes que alimentarla con la gratitud. Si no alimentas la oración con tu corazón de gratitud, la oración no será intensa. Nada divino será intenso hasta que tengas gratitud hacia el Supremo. En cada momento tu corazón de gratitud debe alimentar tu llanto interno. Esto intensificará tu oración, tu aspiración, tu dedicación y todas tus cualidades espirituales.

🌸 *Cuando rezo, me arrodillo devota y secretamente. Cuando medito, elevo mi corazón conmovedora y perfectamente.*

P. ¿Cuál es la mejor manera de rezar por otros?

R. En primer lugar, antes de comenzar a rezar, debes invocar la presencia del Supremo. Cuando invocas Su presencia, Él sin duda vendrá en una forma sutil. No lo verás en una forma humana, pero podrás sentir Su presencia. Dentro de la presencia de Dios, trata de ver y sentir a la persona por la cual estás rezando. Si puedes invocar la presencia del Supremo y sentir dentro de esa presencia a aquellos por quienes rezas, ésa será la manera más efectiva de ayudarlos a través de tu oración.

Pero antes de pedirle al Supremo que ayude a alguien a través de tu oración, pregúntale primero si se supone que tú debas rezar por esa persona en particular. Si recibes un mensaje o sentimiento interno de que deberías rezar por esa persona en particular, sólo en ese caso debes hacerlo. Digamos que alguien está muy enfermo y quieres rezarle a Dios para que lo cure. Tienes que saber que quizá Dios quiere que esa persona tenga esa experiencia en este momento, para su propio desarrollo interno. Tienes que saber que Dios tiene más amor por esa persona, infinitamente más, de lo que tú o cualquier otro ser humano pudiérais tener. Si le pi-des a Dios que lo cure, puede ser que estés oponiéndote a Su voluntad. Pero si rezas por unirte a la voluntad de Dios, entonces es posible que Dios diga: «Ahora eres uno con Mi voluntad. Ahora estaré complacido si me pides que cure a esta persona».

P. ¿Reza usted a veces?

R. Para ser sincero contigo, no rezo; ni tampoco tengo necesidad de meditar, aunque sí medito. Después de haber realizado al Altísimo y tener unidad consciente con el Supremo Absoluto, uno no tiene necesidad de rezar o meditar. Pero tengo cierto número de discípulos, así que medito para ellos de la misma manera que meditaba para mí hace muchos años. Cuando medito en ellos, la oración está ahí automáticamente, porque al tratar de ayudarles en su despertar espiritual, estoy invocando las bendiciones, la luz y la compasión infinitas de Dios para ofrecérselas.

🌸 *Dicen que la oración es la hija del sufrimiento.*
Pero yo digo que la oración es la madre del deleite.

Capítulo 8

EL PODER DEL MANTRA

> ✿ *Purifico mi cuerpo repitiendo el nombre de Dios. Purifico mi vital sirviendo a Dios. Purifico mi mente vaciándola para Dios. Purifico mi corazón meditando en el Amor - Compasión de Dios.*

Cantando: Mantra y Yapa

Un mantra es una invocación. Puede ser una sílaba, una palabra, varias palabras, o una oración. Cuando repites un mantra muchas veces, se llama yapa. Cada mantra representa cierto aspecto de Dios y cada mantra tiene un significado y poder interno especial.

Si no puedes entrar en tu meditación más profunda porque tu mente está inquieta, ésta es una oportunidad para utilizar un mantra. Puedes repetir «Supremo», «Aum» o «Dios», durante varios minutos. Además, si recibes un ataque en el plano vital emocional, y pensamientos negativos o vibraciones negativas están entrando en tí, puedes repetir «Aum» o el nombre del Supremo. En este caso trata de hacerlo lo más rápido posible. Cuando intentas limpiar tu mente de impurezas, debes cantarlo como si estuvieras corriendo para alcanzar un tren en movimiento. Durante el yapa normal, sin embargo, simplemente repite el mantra normalmente pero con devoción. Pero no lo prolongues demasiado; o no tendrás el tiempo necesario para cantar las quinientas o seiscientas veces que sean precisas.

Logrando purificación general

Si quieres lograr la purificación total de tu ser, el yapa puede ser muy efectivo si lo haces de una manera sistemática, paso a paso. El primer día repite quinientas veces «Aum», «Supremo» o el mantra que tu Maestro te haya dado. El próximo día repítelo seiscientas veces; al día siguiente, setecientas, y así sucesivamente, hasta que llegues a mil doscientas al final de una semana. Entonces comienza a descender cada día hasta que llegues a quinientas otra vez. De esta manera puedes subir a la copa del árbol y bajar otra vez.

Por favor, continúa este ejercicio, semana tras semana, durante un mes. Aunque no quieras cambiar tu nombre, el mundo te dará un nombre nuevo: pureza.

Mientras estás haciendo yapa, si cometes un error y pierdes la cuenta, no importa. Simplemente continúa con un número aproximado. El propósito de contar es separar tu conciencia de otras cosas. Cuando estés contando, no pensarás en otra persona u otra cosa. Cuando estés contando debes entrar en el mundo del silencio que está dentro, en lo profundo del mantra. En ese momento no tendrás que contar en absoluto. Tu conciencia estará enfocada en lo que estás repitiendo y comenzarás a sentir que estás meditando solamente en el significado interno del mantra.

En la mayoría de los casos es mejor repetir el mantra en

98

voz alta. Pero después de hacerlo durante varios minutos, si puedes sentir que hay alguien dentro de ti —tu ser interno— que repite el mantra por ti, entonces no tienes que cantarlo en voz alta. En el silencio de tu corazón, tu ser interno hará el yapa por ti.

El yapa debe hacerse por la mañana o durante el día, pero no justo antes de dormir. Si se hace cuando el cuerpo está cansado y quiere entrar en el mundo del sueño, la mente se agitará y perderá su concentración dinámica. Estarás utilizando la mente sólo de una manera mecánica y no derivarás ningún beneficio. Si el yapa no se hace sincera y devotamente, es inútil. Así que debe hacerse cien, doscientas o, como mucho, trescientas veces antes de ir a dormir. Si meditas antes de dormir, estarás invocando paz, luz y deleite, pero si haces yapa de quinientas a mil doscientas veces antes de ir a dormir, invocarás poder y energía y no podrás dormir. Muchas veces, al recitar el mantra, escucharás que se está repitiendo dentro de tu corazón. Tu boca no lo está diciendo, pero tu ser interno ha comenzado a repetir el mantra espontáneamente.

El sonido interno

Durante la meditación los aspirantes escuchan a veces el sonido Aum, aunque no lo han recitado en voz alta y nadie en la habitación lo ha cantado en voz alta. Esto significa que alguien ha cantado internamente el sonido Aum o lo está cantando y la sala de meditación ha conservado el sonido.

Cantar un mantra puede practicarse mientras se está conduciendo, caminando por la calle, o parado en un lugar público. Si cantas silenciosamente mientras caminas por la calle, no te estás apartando; más bien estás tratando de protegerte del mundo no aspirante. Estás aumentando tu fuerza interna y tu capacidad interna. Entonces, cuando seas fuerte internamente, no tendrás que cantar; podrás simplemente moverte en libertad sin ser molestado.

🌸 *Todo método de disciplina espiritual tendrá dos alas, inevitables e inseparables: paciencia absoluta y firme resolución.*

Si intentas mantener una conciencia elevada cuando estás en un lugar público, puede que te resulte difícil profundizar en tu interior y hacer aflorar la paz. Pero incluso cuando estás rodeado por el ruido y el bullicio del mundo externo, puedes sacar afuera un sonido más poderoso aún. Éste no es un sonido destructivo, sino que contiene un poder indomable. Te da un sentimiento de cuán grande y divino eres potencialmente. Si puedes hacer salir el sonido divino interno, que viene de tu corazón, o si puedes entrar en ese sonido, entonces verás que el ruido del mundo externo no puede competir con él. Para tu sorpresa, verás que los sonidos que hace un minuto te molestaban ya no te molestan. Al contrario, obtendrás un sentimiento de logro porque en vez de escuchar ruido escucharás música divina producida por tu ser interno.

La esencia de Aum

Aum (pronunciado Om) es un sonido único e indivisible; es la vibración del Supremo. Aum es el sonido semilla del universo, pues con este sonido Dios puso en marcha la primera vibración de Su creación. El mantra más poderoso de todos es Aum; Aum es la madre de todos los mantras. A cada segundo Dios se crea y renueva a Sí mismo dentro de Aum. Sin principio es Aum, sin fin es Aum. Nada excepto Aum existió, existe o existirá para siempre.

Aum es un signo sánscrito representado en inglés con tres letras, pero pronunciadas como una sílaba. La sílaba Aum es indivisible, pero cada parte de ella representa un aspecto distinto del Supremo. La «A» representa y simboliza la conciencia de Dios el Creador, la «U» simboliza la conciencia de Dios el Protector, y la «M» simboliza la conciencia de Dios el Transformador. En conjunto, Aum es el ritmo cósmico y espontáneo con el cual Dios abraza el universo.

El sonido de Aum es único. Generalmente escuchamos un sonido cuando dos cosas son golpeadas entre sí. Pero Aum no necesita tal acción. Es «anahata» o no golpeado; es el sonido sin sonido. Un Yogi o Maestro espiritual puede escuchar el sonido Aum producido espontáneamente en lo profundo de su corazón.

Hay muchas maneras de cantar Aum. Cuando lo cantas en voz alta, sientes la omnipotencia del Supremo. Cuando lo cantas suavemente, sientes el deleite del Supremo. Cuando lo cantas silenciosamente, sientes la paz del Supremo.

El Aum universal puesto en marcha por el Supremo es un océano infinito. El Aum individual cantado por un hombre es una gota en ese océano, pero no puede ser separada del océano y puede reclamar al océano como suyo propio. Cuando el hombre canta Aum, toca e invoca la vibración cósmica del Sonido supremo.

Es mejor cantar Aum en voz alta, para que su sonido pueda vibrar incluso en tus oídos y llene todo tu cuerpo. Esto convencerá a tu mente externa y te dará un sentimiento mayor de alegría y logro. Cuando cantes en voz alta, el sonido «M» debe durar por lo menos tres veces más que el sonido «AU».

No importa cuán graves sean los errores de alguien, si canta Aum muchas veces desde lo profundo de su corazón, la Compasión omnipotente del Supremo le perdonará. En un abrir y cerrar de ojos el poder de Aum transforma la oscuridad en luz, la ignorancia en conocimiento y la muerte en inmortalidad.

Aum tiene poder infinito; simplemente repitiendo Aum uno puede realizar a Dios. Todo lo que Dios tiene y todo lo que Dios es, Aum lo puede ofrecer, porque Aum es a la vez la vida, el cuerpo y el aliento de Dios.

Preguntas y respuestas

P. Usted ha dicho que podemos aumentar nuestra pureza repitiendo Aum quinientas veces al día. Pero para mí es muy difícil repetir Aum quinientas veces al día. ¿Puede indicarme qué debo hacer?

R. Si es difícil para ti hacerlo de una vez, puedes hacerlo en partes. En diez distintas ocasiones durante el día puedes repetirlo sólo cincuenta veces. Digamos que durante el día quieres tomar diez vasos de agua. Si tratas de tomarlos de una vez, no podrás. De manera que tomas un vaso ahora y después de una hora o dos tomas otro vaso. Así podrás tomar fácilmente diez vasos de agua. En vez de cantar Aum quinientas veces seguidas, puedes repetirlo temprano en la mañana cincuenta veces. Entonces, después de una hora, haz cincuenta más. Si puedes repetir Aum cincuenta veces cada hora, no te tomará más de un minuto o dos cada vez. Ya que puedes, fácilmente, ofrecerle a Dios dos minutos de una hora, puedes cantar de este modo tu yapa.

Capítulo 9

MÚSICA Y MEDITACIÓN:
EL SONIDO Y EL SILENCIO

🌸 *La música tiene y al mismo tiempo
es, la llave para abrir la puerta del Corazón de Dios.*

Un lenguaje universal

La música es el lenguaje interno o universal de Dios.
Yo no hablo francés, alemán o italiano, pero si escucho la
música de cualquiera de esos países, inmediatamente el
corazón de la música entra en mi corazón o mi corazón
entra en la música. En ese momento no hace falta ninguna
otra comunicación; la comunión interna del corazón es
suficiente. Mi corazón comulga con el corazón de la música y en nuestra comunión somos inseparablemente uno.

La meditación y la música no pueden ser separadas.
Cuando clamamos por la paz, la luz y el deleite desde lo
profundo de nuestro corazón, ése es el mejor tipo de meditación. A continuación está la música; la música del alma,
la música que conmueve y eleva nuestra conciencia aspi-

rante. No podemos meditar veinticuatro horas al día, pero podemos meditar, quizá, dos horas al día. En otros momentos podemos interpretar o escuchar música. Cuando tocamos o escuchamos música del alma, música psíquica, nos transportamos inmediatamente a un plano superior de conciencia. Cuando tocamos música con toda nuestra alma, subimos alto, más alto, altísimo.

Cada vez que escuchamos la música del alma, recibimos inspiración y deleite. En un abrir y cerrar de ojos, la música puede elevar nuestra conciencia. Pero si además de esto rezamos y meditamos, entonces recibimos más iluminación y satisfacción que un amante de la música que no esté practicando conscientemente la vida espiritual. Cada músico espiritual está esparciendo la Luz de Dios en la Tierra. Dios es el Músico Eterno, y nosotros somos Sus instrumentos. Pero llega un día en el proceso de nuestra evolución en el cual sentimos que somos totalmente uno con Él. En ese momento no somos instrumentos; somos músicos, músicos divinos. Es el Supremo quien hace el instrumento apropiado. Entonces, es Él quien inspira al músico a tocar apropiadamente.

No tratemos de entender la música con nuestra mente. Ni siquiera tratemos de sentirla con nuestro corazón. Simple y espontáneamente dejemos que el pájaro de la música vuele en el cielo de nuestro corazón. Al volar nos revelará incondicionalmente lo que tiene y lo que es. Tiene el mensaje de la Inmortalidad, y es el pasaje hacia la Eternidad.

Preguntas y respuestas

P. ¿Pueden algunos tipos de música hacernos sentir irritados y cambiar nuestra condición espiritual?

R. Sí. Hay cierto tipo de música que es verdaderamente destructiva para nuestro ser interno. Esta música viene del cuerpo físico o del plano vital inferior. La música no divina trata de despertar nuestra conciencia vital inferior y trata de arrojarnos a un mundo de excitación. Una persona espiritual se verá afectada inmediatamente por esta música.

La música tiene un poder tremendo. Con fuego podemos quemarnos o podemos cocinar y hacer muchas otras cosas útiles. Ocurre lo mismo con la música. La música divina eleva nuestra conciencia inmediatamente, mientras que la música no divina baja nuestra conciencia al instante y trata de destruir nuestro llanto interno y sincero por una vida mejor y espiritual. La música vital baja nuestra conciencia. Durante unos momentos o unas horas fugaces obtenemos una especie de placer, pero luego este placer nos lleva a una conciencia vital inferior donde abunda la tentación. Del mundo de la tentación entramos en el mundo de la frustración, y del mundo de la frustración entramos en el mundo de la destrucción.

Todos sabemos que la música vital es muy apreciada alrededor del mundo. La música psíquica no es apreciada en general y muy pocos aprecian la música del alma. Muchos sienten que es como un extraño entrando en su conciencia. Pero en realidad, esto ocurre porque la música espiritual despierta al eterno inquilino, el alma, que está profundamente dentro de ellos, esperando salir a la superficie.

P. ¿Podemos utilizar la música como ayuda en nuestra vida espiritual?

R. Sin duda, podemos utilizar la música para ayudarnos en nuestra vida espiritual. La música y la vida espiritual son como dos hermanos gemelos: no podemos separarlos. ¿Cómo podemos separar dos dedos, dos ojos? Viven el uno

105

con el otro. Si un ojo no funciona bien, sentimos que nuestra visión es imperfecta. La música y la vida espiritual pueden fácilmente ir juntas; una complementa a la otra. La música ayuda al buscador espiritual a profundizar dentro de sí para obtener la satisfacción máxima de la vida, de la verdad, de la realidad. La vida espiritual, a su vez, ayuda a la música a ofrecer su capacidad y su fuerza, que es la luz del alma, al mundo entero.

P. ¿Qué significa la palabra «espiritual» en relación a la música?

R. ¿Qué entendemos por música espiritual? Si dices que es la música que incorpora el alma, debo decir que estás equivocado.

Tienes que sentir que la música espiritual es la luz que quiere expresarse de una manera divina. Al igual que la oscuridad quiere manifestar su autoridad aquí en la tierra, la luz también quiere manifestar su realidad y su divinidad de una manera específica. La luz es el alma de todo. La luz es el alma de la música, el alma del amor y el alma de todo arte. Cuando la luz se manifiesta divinamente en forma de música, es la música del alma.

La música espiritual es la música que eleva nuestra conciencia inmediatamente hacia lo más alto. La música espiritual nos lleva al mundo de la aspiración. Desde la aspiración entramos al mundo de la realización, donde nuestra existencia interna está inundada de luz y deleite.

Música espiritual es aquella que quiere transformar nuestra conciencia. Nos lleva a la Conciencia Universal y nos hace sentir que estamos sintonizados con lo más alto, lo más profundo, lo más lejano.

También nos hace sentir que Dios es el Músico Supremo. Cuando interpretamos música espiritual, nos damos cuenta de

Capítulo 10

RECEPTIVIDAD: ABRIÉNDONOS A LA LUZ

🌸 *Cuanta más gratitud puedas ofrecer al Piloto Supremo dentro de ti, más pronto y en más cantidad aumentarás tu receptividad.*

¿Qué es la receptividad?

La receptividad es el flujo de energía y luz cósmicas. La receptividad es la capacidad de absorber y retener los regalos internos que el Supremo te ofrece durante la meditación. Si quieres ser receptivo, cuando te sientes a meditar, trata conscientemente de traer luz a tu ser. Una vez hayas traído luz dentro de ti, dirígela al lugar apropiado, el corazón espiritual. Entonces trata de crecer dentro de esa luz.

Si sientes que tienes un poco de receptividad, entonces implora más. No estés satisfecho con la receptividad que tienes. Si hoy es un charco de agua, transfórmalo en una laguna, luego en un lago y finalmente en el vasto océano. La receptividad puede ser aumentada gradual e interminablemente. Pero sin receptividad no podrás lograr nada en tu vida espiritual, ni siquiera con muchas horas de meditación.

Una forma de aumentar tu receptividad es ser como un niño. Si la madre le dice al niño: «Esto es bueno», el niño no tiene tendencia a pensar que es malo. No importa cuán avanzado estés en la vida espiritual, puedes progresar del modo más rápido teniendo la actitud y el sentimiento sincero y genuino de un niño.

Gratitud

La manera más fácil y efectiva de aumentar tu receptividad es ofrecer todos los días, antes de meditar, tu más profunda gratitud al Supremo. Muchos de tus seres queridos no están siguiendo la vida espiritual, pero tú sí la has aceptado. ¿Cómo es posible? Es posible porque el Supremo te ha dado la aspiración, mientras que hay muchas, muchas personas, que aún no están aspirando. Debes sentir que Él te ha seleccionado para ser espiritual. Debido a que Él te ha dado aspiración, tienes razón más que suficiente para ofrecerle tu gratitud. Él te podrá dar más receptivi-   dad si ve que cada día estás aumentando tu capacidad de gratitud.

Cuando le ofreces gratitud a Dios, inmediatamente tu recipiente interno se agranda. Entonces Dios puede verter más de Sus bendiciones o entrar más plenamente en ti con Su propia Existencia divina. Dios es infinito, pero Él sólo podrá entrar en nosotros de acuerdo a nuestra receptividad.

Dios es como la luz del sol. Si dejo las cortinas abiertas, la luz entrará. Si dejo las cortinas cerradas, la luz no puede entrar. Mientras más cortinas vayamos abriendo, más fácilmente entrará Dios en nosotros con Su luz infinita. Cuando ofrecemos gratitud, inmediatamente la luz de Dios viene e ilumina nuestro ser.

La gratitud significa auto-ofrecimiento a nuestro ser más elevado. Tu gratitud va a tu ser más elevado y no a

Gratitude -

otra persona. La gratitud te ayuda a identificarte y a unirte con tu realidad más elevada.

Debes estar agradecido siempre a tu Piloto Interno, el Supremo. Cuando ofreces gratitud, tu receptividad aumenta inmediatamente.

🪷 *Todas las mañanas trata de saludar a Dios con una sola ofrenda: un regalo siempre creciente de gratitud.*

Cómo hacerlo

1. Un lugar receptivo

Una manera de obtener receptividad inmediata es repetir la palabra «Supremo» en silencio una y otra vez. Primero selecciona una parte de tu cuerpo —digamos tu tercer ojo— y concéntrate ahí repitiendo «Supremo» lo más rápido posible. Entonces selecciona otro punto y haz lo mismo. Es mejor ir de arriba abajo que de abajo arriba. El punto donde te concentras no tiene por qué ser un centro psíquico. Puede ser cualquier lugar que tú desees. Si puedes hacer esto en siete puntos diferentes del cuerpo, en uno de esos lugares en particular, vas a sentirte receptivo.

2. El llanto de un niño

Para crear receptividad cuando no la tienes, trata de sentir que tienes sólo tres años de edad. No tienes madre, ni padre, ni hermanos, nadie que te proteja y estás en un bosque en una noche muy oscura. Todo a tu alrededor es oscuridad. La muerte está bailando justo enfrente de ti y no hay nadie que pueda ayudarte. Entonces, ¿qué harás? Llorarás a Dios desde lo más profundo de tu corazón, con sinceridad absoluta. Cuando este tipo de llanto interno venga, el Supremo abrirá tu corazón y te hará receptivo.

3. Dependiendo de Dios

Puedes aumentar tu receptividad si sientes que sin el Supremo estás desamparado y que con el Supremo lo eres todo. Esta idea, esta verdad, la puedes escribir en tu corazón. Trata de sentir que tu existencia interna y externa dependen totalmente del Supremo. Si sientes que tu existencia entera es inútil y sin sentido si Él no está dentro de ti para guiarte, para moldearte, para formarte y a la vez para colmarse a Sí mismo en y a través de ti, entonces tu receptividad aumentará.

Trata de sentir que eres el niño escogido del Supremo precisamente porque Él te está utilizando, pero si eres tú quien te utilizas con tu propio ego y orgullo, entonces estás a miles de kilómetros de Él. En el momento en que estás lejos de Él, no eres nada; pero en el momento en que eres uno con Él con tu dedicación, devoción y entrega, lo eres todo. Cuando sientes que eres uno con Él, tu receptividad se expande automáticamente.

4. Alegría interna

Otra manera de expandir tu receptividad durante la meditación es tratando de sentir conscientemente alegría interna. Si no puedes sentir alegría interna inmediatamente, trata de imaginar durante varios segundos o varios minutos que sí la tienes. Esto no será falso. Tu imaginación intensificará tu aspiración y te ayudará, con el tiempo, a sacar a la luz la verdadera alegría interna. La naturaleza misma de la alegría es la expansión. Cuando te expandes, tu receptividad aumenta automáticamente, como una vasija que crece cada vez más.

Preguntas y respuestas

P. No soy tan receptivo en la meditación como quisiera. ¿Por qué sucede esto?

R. A veces esto ocurre porque nuestra consagración al Supremo no es completa todavía. A veces la mente se resiste, a veces el vital se resiste, a veces el físico o incluso el físico sutil se resiste. Si hay este tipo de resistencia, las fuerzas negativas pueden entrar en nosotros, y nuestra receptividad disminuye. Hasta el momento en el que estemos seguros de si queremos la vida del deseo o la vida de la aspiración, las fuerzas negativas se interpondrán entre nuestro deseo y nuestra aspiración. Estas fuerzas siempre están alerta. Intentan separar nuestro deseo de nuestra aspiración. Tratan de fortalecer nuestro deseo y matar nuestra aspiración, y muy a menudo tienen éxito. Pero una persona que esté espiritualmente alerta tomará su apiración y entrará en el deseo para transformarlo. Si el deseo entra en la aspiración, entonces la aspiración estará arruinada. Si la aspiración entra en el deseo, en ese momento el deseo será transformado.

En otros momentos puede que no seas receptivo porque te sientes muy seguro de ti; te has vuelto complaciente. No sientes un llanto interno porque estás satisfecho con tus posesiones materiales o con las cosas que ya tienes en tu vida interna. Una vez estás satisfecho con lo que tienes, ¿por qué implorar por algo más? Cuando tienes este tipo de sentimiento complaciente, tu llanto interno cesa y tu receptividad también llega a su fin.

❁ Si le dices no a tus pensamientos negativos y sí a tu inspiración para ser un instrumento perfecto de Dios, entonces una receptividad sin fin será tuya inmediatamente.

114

Capítulo 11

¿ESTOY MEDITANDO BIEN?

> 🪷 *Los esfuerzos de aspiración siempre suministran resultados satisfactorios. Puede que requiera tiempo, a veces, pero los resultados son inequívocamente seguros.*

¿Qué es una buena meditación?

Los aspirantes preguntan frecuentemente cómo pueden saber si están meditando adecuadamente o si tan sólo se están engañando a sí mismos o teniendo alucinaciones mentales. Esto es muy fácil de saber. Si estás meditando apropiadamente, obtendrás alegría interna espontánea. Nadie te ha dado buenas noticias, nadie te ha traído regalos, nadie te ha apreciado o admirado, nadie ha hecho nada por ti; pero tienes un sentimiento interno de deleite. Si esto ocurre, sabrás que estás meditando adecuadamente. Pero si sientes tensión mental o interferencias, sabrás que el tipo de meditación que estás haciendo no es apropiado para ti.

Si estás disfrutando una alucinación mental, sentirás que la paz está dentro y la inquietud fuera. Estás anhelando la paz, la luz y el deleite, pero sientes externamente una turbulencia volcánica. Si estás teniendo una verdadera meditación, una meditación sublime, entonces de seguro sentirás paz dentro y fuera de ti. Si es una meditación del alma, sentirás tu existencia eterna; sentirás que eres de la Eternidad y para la Eternidad. Este sentimiento no lo puedes recibir de una alucinación mental.

Hay también otra manera de saberlo. Si de hecho estás entrando en un plano superior, sentirás que tu cuerpo se vuelve muy ligero. Aunque no tienes alas, sentirás que casi puedes volar. De hecho, cuando hayas alcanzado un mundo muy elevado, verás un pájaro dentro de ti, el cual puede volar fácilmente, de la misma manera que vuelan los pájaros reales.

Cuando sea tu imaginación, recibirás un sentimiento muy dulce durante algunos minutos; luego, entrarán en ti inmediatamente pensamientos oscuros o frustrantes . Dirás: «Estudié tanto, pero no lo logré buenos resultados en el examen» o «he trabajado duro hoy en la oficina, pero no he podido complacer a mi jefe». Estas fuerzas negativas en forma de frustración vendrán inmediatamente. O la duda entrará y dirás: «¿Cómo puedo meditar tan bien cuando ayer hice tantos errores? ¿Cómo es posible que Dios esté complacido conmigo? ¿Cómo puedo tener una meditación tan elevada?». Pero si es verdaderamente una meditación elevada, sentirás que tu existencia entera, como un pájaro divino, está volando alto, más alto, altísimo. Mientras tengas este sentimiento no habrá pensamientos tristes, ni pensamientos frustrantes, ni dudas. Estarás volando en el cielo del deleite donde todo es alegría, paz y éxtasis.

También puedes saber si tuviste una buena meditación por el sentimiento que tengas justo después de la meditación. Si la paz, la luz, el amor y la alegría han surgido desde lo profundo de tu ser como resultado de tu meditación, sabrás que has meditado bien. Si tienes un sentimiento bueno hacia el mundo, si ves al mundo con amor a pesar de sus marcadas imperfecciones, entonces sabrás que tu meditación fue buena. Y además, si tienes un sentimiento dinámico después de tu meditación, si sientes que has venido al mundo a hacer algo y a convertirte en algo —a crecer en la imagen misma de Dios y convertirte en Su instrumento de dedicación—, esto indica que has tenido una buena meditación. Pero la manera más fácil de saber si has tenido una buena meditación es sentir si han salido a flote la paz, la luz, el amor y el deleite.

🪷 *Estás ahora más que preparado, porque tu pájaro de aspiración está volando mucho más alto que las cegadoras y oprimentes nubes de confusión de tu mente.*

No te desanimes

Por favor, no te desanimes si no puedes meditar bien al principio. También en la vida ordinaria, sólo Dios sabe cuántos años tienes que practicar para sobresalir en cualquier disciplina. Si un concertista de piano piensa en su nivel de destreza cuando comenzó a tocar por primera vez, se reirá. A través del progreso gradual es como él ha logrado su actual nivel musical. En la vida espiritual, también puede ocurrir que al principio encuentres dificultad en la meditación.

Pero no trates de forzarte. Diez minutos por la mañana temprano es suficiente. Tu capacidad aumentará gradualmente. Si practicas cada día, progresarás en tu vida espiritual.

Aún así, no puedes comer la comida más deliciosa todos

117

los días. Puede que hoy tomes una comida exquisita y los próximos tres o cuatro días tomes una comida muy sencilla. Pero mientras comas, sabrás que estás alimentando tu cuerpo. Igualmente, si tienes una buena meditación un día y al día siguiente observas que no puedes meditar bien, no te frustres y no fuerces la meditación. Cuando la meditación concluya, no te sientas desgraciado ni siquiera un segundo por no haber podido meditar. Si estás disgustado contigo mismo, estás cometiendo un grave error. Si no puedes meditar un día en particular, trata de dejar la responsabilidad en manos de Dios. Si un día específico no puedes meditar bien, siente que algún otro día el Supremo nuevamente te dará la bendición, la inspiración y la aspiración para meditar extremadamente bien. Pero si estás perturbado o irritado, parte del progreso que lograste ayer o el día anterior será anulado. Lo mejor es ser sosegado, tranquilo y constante en tu vida espiritual. Entonces, sin duda alguna, continuarás progresando en tu vida de meditación y en tu vida interna.

Preguntas y respuestas

P. Observo con frecuencia que la calidad de mi meditación sube y baja. Siempre espero no volver a caer, pero ocurre constantemente.

R. Al principio todos pasamos altibajos en la vida espiritual. Cuando un niño está comenzando a caminar, tropieza y cae una y otra vez. Pero con el tiempo aprende a caminar propiamente y luego a correr. Finalmente, puede correr tan rápido como su capacidad le permita. Pero un niño pequeño no puede esperar correr tan rápido como su padre, porque su padre tiene mucha más capacidad.

Tú experimentas subidas y bajadas en tu meditación.

118

Cuando estás arriba, debes sentir que estás observando tu capacidad futura. Cuando estás abajo, debes sentir que esto es solamente una incapacidad pasajera. No te debes desanimar al ver a otros, más avanzados en la vida espiritual, corriendo muy rápido. En alguna ocasión ellos también tro-pezaron.

Ahora mismo puede ser que el cielo esté nublado, pero llegará el día en que el sol brillará nuevamente con todo su fulgor. Cuando pases por momentos bajos, de miedo, de duda, de falta de aspiración, debes sentir que no durarán siempre. Como un niño que se ha caído, debes tratar de levantarte. Algún día podrás caminar, luego correr y después correr a toda velocidad sin caerte.

P. Cuando uno medita y pide algo, ¿debe también hacer un esfuerzo para lograrlo o simplemente dejar que ocurra naturalmente?

R. Al principio tienes que hacer un esfuerzo personal; más tarde será algo espontáneo. Mientras no sea algo espontáneo, tienes que hacer el esfuerzo. Cuando un velocista comienza una carrera, sus manos hacen un movimiento muy vigoroso. Al principio mueve conscientemente sus manos y sus brazos muy rápido. Pero después de cincuenta o sesenta metros, cuando va a la máxima velocidad, todo es espontáneo. En ese momento no está tratando de mover sus manos. Pero al principio, sí lo hizo.

Es como pilotar un barco. Antes de comenzar hay que mover esto y ajustar aquello. Hay que hacer todo tipo de cosas al principio. Mientras te preparas, eres muy dinámico. Pero eso es tan sólo tu preparación. El barco está aún cerca de la orilla. Sólo cuando ya estás en camino, el barco puede navegar sin tu esfuerzo personal constante. En la meditación este movimiento espontáneo es un acto de la Gracia de Dios.

119

Si eres sincero, dirás que la Gracia de Dios descendió también sobre ti al principio de tu viaje. De otro modo, no hubieras estado inspirado para entrar en el barco. Aunque cuando comienzas, sientes que estás haciendo un esfuerzo personal tremendo, llega un momento en que te das cuenta de que este esfuerzo personal no es otra cosa que la Gracia de Dios. ¿Por qué te estás levantando temprano a rezar y a meditar, mientras tus amigos viven todavía en los placeres de la vagancia? Es porque la Gracia de Dios ha descendido sobre ti. Así, cuanto más profundizas, más claro es el hecho de que la Gracia de Dios te permite progresar a través de tu esfuerzo personal. O Dios está complacido contigo o con Su Compasión Infinita está ayudándote.

Al principio el esfuerzo personal es de importancia primordial, porque en ese momento no sentimos que Dios es nuestro amigo incondicional. En nuestra naturaleza humana siempre decimos que si yo te doy algo, tú me darás algo a cambio. Pero si yo no te doy nada, entonces no estás obligado a darme algo. Pero Dios no es así. Dios da incondicionalmente, ya sea que lo reclamemos como nuestro o no. En este momento puede que yo le rece a Dios para que satisfaga mi deseo. Pero al momento siguiente, inmediatamente después de haberlo satisfecho, le diré: «Oh, no te necesito. No quiero ser Tu hijo». Pero Dios no puede hacer eso. Dios siempre nos reclama como Suyos, no importa cuán malos seamos, porque ve que en cientos, miles o millones de años, Él nos perfeccionará. Un niño puede, por su propia voluntad, dejar a sus padres; ¿pero pueden acaso los padres dejar al niño? ¡Imposible! De igual manera, yo puedo negar a Dios, mi Padre eterno, porque esté molesto con Él o porque no ha satisfecho mis deseos. Pero Él nunca renegará de mí, porque yo soy Su hijo.

❦ *El esfuerzo propio es necesario. La Gracia de Dios es indispensable.*

De manera que el esfuerzo propio es necesario porque no sentimos que Dios nos está amando y bendiciendo constantemente. Una vez que sentimos que Él está haciéndolo todo por nosotros incondicionalmente, entonces el esfuerzo personal no es necesario. Precisamente porque no tenemos ese tipo de sentimiento, el llamado esfuerzo personal es de suma importancia. Pero cuando seamos sinceros, cuando seamos puros, en ese momento sentiremos que es Dios quien nos ha inspirado a ejercer nuestro esfuerzo personal. Así que el mérito es de Dios, de principio a fin. Al principio nos damos a nosotros mismos el cincuenta por ciento del mérito, porque nos levantamos a rezar y a meditar y el cincuenta por ciento a Dios, porque responde a nuestras oraciones y nos inspira durante nuestra meditación. Pero si somos sinceros, devotos y absolutamente puros, diremos que el cien por cien del mérito es de Dios.

P. A veces, durante la meditación matutina, caigo en una especie de sueño ligero —no un sueño profundo, sino simplemente un sueño ligero—. ¿Esto es malo?

R. Desafortunadamente no es bueno. No es un sueño profundo, pero tampoco estás totalmente despierto. Cuando meditas debes ser absolutamente dinámico. No permitas que la somnolencia entre en ti. Cuando te pones a meditar siente que estás entrando en el campo de batalla, donde tienes que luchar contra la ignorancia, la imperfección y la muerte.

Muchos aspirantes desafortunadamente no logran suficiente inspiración para tener energía en la meditación matutina. Algunas mañanas logras la inspiración en un momento; otros días no obtienes inspiración alguna. Si el fuego ya está encendido dentro de ti, no tienes que hacer nada. Pero cuando no hay fuego, ¿qué haces? Lo mejor es inhalar profundamente varias veces antes de meditar y de este modo energetizar tu cuerpo. Esta energía dinámica te ayudará a entrar en la meditación. Si es posible, toma también una pequeña cantidad de jugo caliente o leche caliente antes de comenzar la meditación.

P. ¿Cómo puedo evitar dormirme después de aproximadamente cinco minutos de meditación?

R. En primer lugar, antes de comenzar a meditar, respira profundamente varias veces. Con cada respiración trata de sentir que un manantial de energía está entrando en ti. Entonces, trata de sentir que estás respirando a través de distintas partes de tu cuerpo: tus ojos, tus oídos, tu frente, tus hombros, tu coronilla, etcétera. Siente que cada uno de estos lugares es una puerta que se abre cuando inhalas. En ese momento la energía de la Conciencia Universal entrará en ti.

Luego trata de invocar el aspecto de poder del Supremo. No invoques paz ni luz; sólo intenta hacer salir el poder divino, desde dentro o desde arriba. Este poder divino te hará sentir que tu cuerpo está ardiendo con fiebre, aunque de hecho, no tienes la temperatura alta, e inmediatamente te sentirás con energía. Puedes también imaginar que estás caminando a través de un bosque o un campo verde y azul. Entonces, no importa cuán cansado estés, te sentirás con energía.

Puedes también pellizcarte tan fuerte como sea posible e intentar sentir que otra persona te está pellizcando. Mientras te pellizcas, has de saber que es tu ser consciente el que está pellizcando a tu ser inconsciente. Pero has de sentir que es otra persona quien está pellizcándote.

Otra técnica consiste en repetir el nombre del Supremo lo más rápido posible. Con tremenda concentración observa cuántas veces puedes repetir «Supremo» en cada respiración. El poder dentro de la repetición de este nombre inundará todo tu ser y sentirás un flujo de energía de vida.

En la hora de la meditación, intenta siempre sentir dentro de ti un movimiento dinámico y progresivo, pero no agresivo. Si hay un movimiento dinámico y progresivo, entonces no puedes dormirte. Trata de sentir dentro de ti un tren que va rápidamente hacia su destino. Siente que tú mismo eres un tren expreso con una sola meta. El conductor de ese tren está repitiendo constantemente el nombre de Dios para tener más energía, fuerza, resistencia y todas las cualidades divinas. Un tren expreso se detiene solamente en la meta final, el fin de su viaje; por el camino, no para en absoluto. Tu meta será alcanzar o lograr una meditación profunda.

P. A veces parece que ocupo todo el tiempo tratando de mantenerme despierto y no medito realmente.

R. El letargo y el sueño vienen durante la meditación porque no hay interés sincero. Si hay interés sincero, no habrá tendencia a dormirse. Cuando un estudiante quiere ser el primero en la escuela, cuando tiene un interés sincero y verdadero, entonces estudia sin tener que ser forzado por sus padres. Pero algunos estudiantes sienten que si pasan el examen, es más que suficiente. Si sienten así no tienen ningún ímpetu o entusiasmo para su trabajo escolar.

Debes intentar sentirte siempre entusiasta y ávido por la meditación. Si sientes que no puedes meditar durante media hora, planifícalo para diez minutos. Entonces sentirás: «Ah, sólo diez minutos. Puedo hacerlo fácilmente». Si tu meta está cercana, pondrás toda tu energía. Si está muy lejana, dirás:

«¡Oh Dios! ¡Seguir corriendo a toda velocidad tanto tiempo es imposible!». Pero cualquiera puede meditar diez minutos. Si tienes que correr veinte millas, estarás aterrorizado. Pero si ves que la meta está a la vista, dirás: «Oh, puedo llegar fácilmente. Déjame correr lo más rápido posible».

P. Si nos sentimos cansados al sentarnos a meditar, ¿cómo podemos obtener energía para no dormirnos?

R. Cuando sientas que estás cansado, exhausto, por favor, inhala profunda y silenciosamente varias veces y trata de sentir que estás inhalando a través de varios lugares de tu cuerpo. Trata de sentir que estás inhalando a través de los ojos, los oídos, la frente, a través de la coronilla, a través de los hombros, y así sucesivamente. Al inhalar, si estás consciente de tu respiración, no te sentirás somnoliento. Pero estar consciente de la respiración no significa que producirás sonido al respirar. Simplemente, sentirás que un manantial de energía está entrando en ti con cada respiración.

Siente que cada lugar por el cual inhalas es una puerta. Cada vez que inhalas, abres una puerta aquí, allá o en algún otro lugar. Naturalmente, al abrir la puerta, la luz entra también y la luz es otra forma de energía. Cuando estés meditando muy bien, puede que sientas que estás haciendo esto espontáneamente —trayendo energía no sólo a través de tu nariz, sino también a través de tu cabeza y otros lugares. La energía existe en todas partes y esa energía universal quiere entrar en ti a través de distintas puertas. Naturalmente, cuanta más energía puedas traer hacia tu interior, más elevada será tu meditación.

❧ *¿Cómo conquistar el miedo? Sintiendo unidad dentro y unidad fuera. En la luz de la unidad no puede haber miedo.*

P. Cuando intento meditar, hay algo que me retiene.

R. Ese algo que te retiene es el miedo. Si quieres las riquezas que están dentro de ti, tienes que profundizar valientemente en ti mismo. Sólo si tienes valentía interna puedes recibir la riqueza de tu interior. El miedo a lo desconocido y a lo que no se puede conocer impide que profundices dentro de ti. Pero lo que hoy es imposible de conocer, mañana será simplemente algo desconocido y al día siguiente será conocido.

La inmensidad de la verdad nunca te hará daño. Sólo te abrazará y te colmará. Sientes miedo hacia algo porque no sientes que esa cosa en particular te pertenece. Pero a través de la meditación estableces tu unidad consciente con el vasto infinito. En ese momento ves y sientes que todo es parte de ti. Así que, ¿por qué has de tener miedo?

P. Siento una presión en la frente al meditar. ¿Cuál es la causa y cómo puedo evitarlo?

R. La razón por la cual sientes presión en la frente es porque no estás meditando en el lugar correcto; estás meditando en la mente en vez del corazón. Quieres jugar un juego, pero desafortunadamente has ido a jugar al terreno inadecuado. Cuando sientas tensión en la cabeza o en la frente durante la meditación, esto significa que tu mente ha intentado asimilar más luz y energía de lo que es capaz. La puerta a tu conciencia está cerrada, así que tratas de entrar por el techo y tirar de Dios hacia tu cuarto. En ese momento, el pobre Dios está entrando en una vasija no preparada, no receptiva y oscura. Naturalmente, la vasija resiste y entonces te da un dolor de cabeza.

Puede que también sientas presión porque la vasija de tu mente está llena de ideas y pensamientos impuros. A base de fuerza de voluntad estás intentando matar esos pensamientos no divinos y la resistencia de la mente de nuevo te causa dolor. La presión también puede significar que hay una obstrucción dentro de ti; por ejemplo, el miedo. Cuando la vasija de la mente está llena de pensamientos y tú fuerzas a entrar la paz, la luz y el deleite, inconscientemente te asustas. Nunca esperabas que estas cosas fueran tan brillantes y tan divinas. Tu mente está llena de todo tipo de pensamientos e impurezas, y de repente la paz, la luz y el deleite divino aparecen. En ese momento te parecen extraños, de modo que te resistes a ellos. Estás conduciendo a máxima velocidad y de repente sientes miedo, así que paras.

Cuando sientas este tipo de presión, lo que debes hacer inmediatamente es enfocar toda tu atención en el corazón. Siente que no tienes cabeza en absoluto; sólo tienes el sentimiento suave y dulce de la unidad del corazón con Dios, tu Piloto Interno. En el corazón no hay miedo ni resistencia. No importa cuán intensamente medites en el corazón, no importa cuánta paz, luz y deleite atraigas hacia el corazón, nunca sentirás tensión o presión. Sólo habrá alegría, amor y un sentimiento de unidad.

La manera más segura y mejor de meditar es en el corazón. Pero si quieres usar la mente, tienes que procurar que la mente esté muy calmada, muy callada, pura y receptiva. Siente siempre que dentro de la mente aspirante hay una vasija que puedes agrandar con tu aspiración sincera. Trata de hacer la vasija grande para que pueda contener más pureza y luminosidad. Pero no trates de forzar nada. Sólo deja que la Gracia divina fluya en y a través de ti, rezando y meditando con toda tu alma. Entonces no sentirás presión o tensión en tu cabeza.

P. Yo no creo que esté forzando nada, pero aún así siento dolor de cabeza cuando medito por la mañana.

R. En tu caso particular, no estás meditando correctamente. Estás meditando en el poder divino, pero debido a que tu vasija interna no es suficientemente pura, una cualidad agresiva entra en ti. Esta agresión la sientes como un dolor de cabeza. Por lo tanto, cuando medites por la mañana, debes meditar en la paz. Inunda tu ser interno y externo con la paz; entonces no tendrás dolor de cabeza. La paz misma es poder; puede resolver todos tus problemas.

P. A veces, aunque me concentro en el corazón, mi cabeza atrae la energía a la fuerza; parece que no puedo pararlo y simplemente termino teniendo dolor de cabeza. ¿Hay alguna manera de que pueda entrar nuevamente en el corazón?

R. El dolor que estás sintiendo en tu cabeza es el resultado de la resistencia. Lo que está pasando es que tu corazón está recibiendo a través de la mente. Algo viene de lo alto e intenta entrar en el corazón, pero la mente no permite que el corazón lo reciba plenamente. La mente permite al corazón recibir hasta cierto punto. Por eso la fuerza viene a través de la mente. Pero entonces la mente siente celos del corazón y comienza a resistirse.

En ese momento trata de sentir que hay algo dentro del corazón que es infinitamente más poderoso que la mente. Es el alma, que tiene un poder inmenso. De modo que, haz salir la fuerza interna de tu alma y dile a tu mente: «Has permitido que estuviera tranquilo durante algunos minutos y te lo agradezco. Pero todavía estoy rezando y meditando, todavía estoy implorando la paz, la luz y el deleite y ahora no me de-jas continuar». Entonces, simplemente, coge la mente y échala en el océano del corazón.

La mente es como un niño travieso. Previamente el niño estaba dormido y por eso la madre pudo estar en silencio y rezarle a Dios. Pero ahora el niño está despierto y quiere hacer travesuras. No quiere dejar que la madre aspire más. Entonces, ¿qué hará la madre? ¿Amenazará al niño y le dirá: «Todavía estoy rezando; todavía estoy meditando. No debes molestarme. Si lo haces, te castigaré»?

Siempre y cuando la mente te permita meditar, no tienes por qué preocuparte. Pero cuando comienza a molestarte y a causar dolor, significa que no quiere permitir que recibas más paz, luz y deleite de lo alto. Así que tienes que usar el poder de tu alma y trasladar la mente hacia el corazón.

P. Cuando estaba meditando me sentí muy tenso. Me dolía la cabeza y sentí que estaba forzando la meditación. ¿Qué debo hacer en un caso como éste?

R. Si sientes ese tipo de tensión, inmediatamente inhala y ex-hala rápidamente. Cuando el ritmo de tu respiración aumenta, la tensión desaparece. Trata de sentir que estás subiendo una escalera que tiene muchos peldaños. Si sientes esta subida, la tensión desaparece. La tensión viene cuando estás estancado en un lugar. Pero cuando estás ascendiendo, eres como un pájaro volando en el cielo. Cuando el pájaro está volando, ¿dónde está la tensión? De igual manera, si estás ascendiendo, no habrá tensión.

P. Encuentro que sus meditaciones son muy difíciles para mí. Vengo aquí sintiéndome muy bien. Entonces siento este dolor que entra en mi corazón y en mi cabeza. ¿Por qué sucede esto?

R. No es que una fuerza negativa esté entrando en ti. La dificultad tuya es que, cuando vienes a nuestras meditaciones, tratas de asimilar más allá de tu capacidad. Cuando estoy en el escenario, el escenario completo está inundado de luz. Cuando tú te sientas y me miras, tratas de tirar de esa luz hacia ti.

Es como si fueras a una tienda y vieras cosas bellas. Como una persona codiciosa, quieres comprarlo todo, pero sólo tienes cinco monedas en tu bolsillo. Cuando tratas de recibir más allá de la capacidad de tu receptividad, en ese momento sientes dolor en tu corazón o en tu cabeza.

P. Muy a menudo cuando estoy concentrándome en el corazón durante la meditación, encuentro que mi respiración es pesada y apurada.

R. En tu caso, estás forzando los ojos cuando meditas. Tus ojos están tensos y rígidos y la presión recae en tu corazón. Esto es muy dañino para tu aspiración. Si puedes mantener tus ojos relajados mientras meditas, esta presión desaparecerá. Puedes mantener los ojos abiertos o cerrados; pero sin una tensión mayor de lo normal.

❀ Toleraré al mundo, lo haré., Solamente tolerando al mundo podré ayudar a mi mente a ascender y a mi corazón a trascender.

P. Cuando alguien me ha hecho daño y estoy enfadado, no puedo meditar como quiero. ¿Cómo puedo superar esto?

R. Cuando estés enfadado, naturalmente no podrás meditar. No puedes dar la bienvenida a tu hogar a un amigo y a un enemigo al mismo tiempo. Tu enemigo es tu agitación y tu ira y tu amigo es tu meditación. Supongamos que alguien te hace algo que te enoja. Aunque hayan pasado varias horas y hayas olvidado el enfado, todavía éste te puede empujar y hundir. Has olvidado, pero no has perdonado. Mientras no hayas perdonado, no has iluminado tu ira. A veces te peleas con tus familiares y luego te vas a dormir. A la mañana siguiente descubres que no puedes meditar. Te has olvidado del inci-

129

dente por completo, pero mientras dormías, la fuerza y la velocidad de tu enfado han aumentado. De manera que es mejor iluminar el enfado inmediatamente.

Cuando alguien te hace daño, trata de sentir que es una extensión de tu propia conciencia la que ha cometido este lamentable error. Agranda tu corazón y siente que eres tú mismo quien ha cometido el error. De esta manera no te enfadarás. Lo que tienes que hacer es dejar de pensar en los demás y pensar solamente en tu propia perfección.

Esto no significa que estás ignorando los problemas del mundo. No. Tu propia perfección ayudará a los demás. Cuando logres algo, verás esa misma cosa en menor medida en los demás. De igual modo, si ves algo malo en los demás, mañana verás esa misma cosa en ti. Y si ves algo bueno en otra persona y no en ti, esa cosa en particular se desarrollará muy pronto dentro de ti. Si ves una persona que es sincera y tú no eres sincero, simplemente por estar consciente de su sinceridad, tu propia sinceridad resurgirá. Tu ser interno tratará de comunicarse con la sinceridad de esa persona y, como un imán, la atraerá de esa persona o del Supremo, que es la Fuente. De ahora en adelante, intenta perfeccionar tu propia naturaleza en lugar de mirar alrededor para ver de quién son las imperfecciones que se interponen en tu camino. Presta toda la atención a tu propio auto-descubrimiento. Cuando te hayas perfeccionado a ti mismo, verás que todo el mundo en la tierra ganará en perfección a traves de ti.

P. ¿Cómo puedo saber si estoy meditando demasiado?

R. Si estás meditando demasiado —es decir, más allá de tu capacidad—, sentirás una especie de tensión o dolor en el área del tercer ojo. También desarrollarás una actitud arrogante. Puede que pienses: «Soy perfecto y divino mientras que todos los demás son imperfectos y no divinos». Si

130

estás tratando de recibir paz, luz y deleite más allá de tu capacidad, entonces puede que no obtengas alegría de tus actividades terrenales. Puede que llegues a sentir que esta existencia tuya es inútil y sin propósito. Si sientes este tipo de desprecio o depresión que te hace sentir que quieres retirarte del mundo, entonces puede ser que estés meditando más allá de tu capacidad.

P. Cuando medito pierdo la energía y me canso. ¿Es acaso porque medito demasiado?

R. No. Si estás perdiendo energía cuando meditas, esto significa que tu meditación es incorrecta. Si meditas bien, ganas energía. La meditación es la manera de ganar energía, luz y deleite infinitos. Pero si el método en particular que estás usando no es el apropiado, entonces perderás energía en vez de ganarla.

P. ¿Hay algo que pueda hacer para tener siempre una buena meditación?

R. Es a través de la gratitud, la gratitud del corazón y no de la mente, como puedes hacer que tu meditación sea excelente. Por un segundo fugaz, trata de recordar que hace algún tiempo tú eras igual que tus amigos y tus vecinos. Ahora mira la diferencia entre tú y ellos. Es como el día y la noche. Puede que ellos sean ricos en el plano material, pero en el plano espiritual están totalmente en bancarrota. Cuando veas la diferencia, inmediatamente un manantial de gratitud brotará en ti.

Si puedes tener una gota de gratitud, dentro de esa gratitud encontrarás un mundo de nueva creación. Una vez que la semilla ha sido sembrada, comienza a germinar y se convierte en una planta. De manera que cuando no tengas una buena meditación, lo mejor es pensar en lo que fuiste y en lo que serás. Hace algún tiempo no podías ni gatear y ahora estás corriendo en la vida espiritual. Cuando veas la diferencia, seguro que tendrás gratitud hacia el Supremo, pues Él es el Hacedor. Es Él quien te ha inspirado y ha actuado en y a través de ti. Él te ha inspirado y te ha dado el fruto de tu acción, así que tu gratitud saldrá naturalmente a flote y podrás tener una buena meditación.

Capítulo 12

MANTENIENDO TU ALEGRÍA

🪷 *Llora en tu interior. Medita en tu interior. Profundiza en tu interior. Tus logros internos excederán en mucho tus imperfecciones externas.*

Protegiendo tu tesoro interno

Después de finalizar la meditación, debes asimilar el resultado de la misma en tu sistema interno. Sólo entonces la meditación se convierte en una experiencia sólida y permanente, que es una e inseparable con tu existencia. Si tienes una discusión con alguien o alguna situación incómoda antes de que la paz, la luz y el deleite de tu meditación hayan sido asimilados, entonces puedes perderlo todo. Nada quedará. Incluso hablando con alguien puedes perder lo que recibiste durante la meditación. Alguien puede acercarse a ti y decir: «Hola, ¿cómo estás?» y llevarse la paz, la luz y el deleite que has recibido. Es por eso que no debes hablar con nadie inmediatamente después de haber tenido una meditación elevada, hasta que hayas asimilado lo que has recibido. Tampoco debes comer inmediatamente después de una meditación. Puedes leer o caminar si quieres, pero no tomar una comida completa hasta después de quince minutos o media hora. Si tienes mucha hambre, sin embargo, puedes tomar una pequeña cantidad de zumo o de leche.

Normalmente lleva varias horas asimilar todo lo que has recibido durante la meditación, y durante ese período tienes que mantener la luz que recibiste. ¿Cómo? A través de la conciencia interna y teniendo cuidado de cómo te relacionas con el mundo exterior. Sin embargo, a veces ocurre que durante la meditación estás recibiendo y a la vez asimilando. Entonces, cuando terminas la meditación, todo ha sido asimilado.

Puedes pensar que asimilar es como establecer una amistad de por vida, una amistad eterna, con alguien que ha llegado a tu vida. Si la paz, la luz y el deleite vienen a ti durante la meditación y no haces amistad con ellas, entonces naturalmente se irán a otra parte. Pero si estableces una amistad eterna con ellas, entonces tus amigas tendrán la oportunidad de guiarte, inspirarte, moldearte, darte forma y compartir contigo sus capacidades y cualidades divinas.

También debes saber que la asimilación no es siempre lo que el alma quiere. A veces el alma quiere asimilar algo y retenerlo varios días antes de expresarlo. En otras ocasiones el alma quiere revelar y manifestar inmediatamente, o después de sólo unas horas, las cualidades que ha recibido en la meditación. Esta expresión puede ser hacia otros, hacia la atmósfera o hacia la Conciencia Universal. El tesoro interno es como el conocimiento. Una persona puede decir: «Déjame aprender un poco y enseñar un poco». Pero otra persona puede decir: «No, déjame aprender tanto como pueda, y entonces enseñaré a otros».

Preguntas y respuestas

P. ¿Cuáles son las cualidades más importantes para asimilar la luz?

R. La asimilación de la luz requiere sinceridad y pureza absolutas. Cualquier persona que sea cien por cien sincera y pura en la vida espiritual puede asimilar la luz inmediatamente. La sinceridad de la cual estoy hablando no es la sinceridad humana ordinaria, sino la sinceridad espiritual, que es infinitamente más sutil. La sinceridad espiritual te pregunta si estás dispuesto a hacer todo tipo de sacrificios para complacer a Dios. Si Dios te pide que abandones todo por Él, si dice: «Deja todo y camina conmigo, corre conmigo», y tú estás dispuesto a hacerlo, esto es la verdadera sinceridad espiritual. La sinceridad espiritual es el sacrificio constante, interno y externo. Si no hay sacrificio en la vida interna o externa, entonces la sinceridad no puede nacer. El sacrificio constante para realizar al Altísimo es lo que llamamos sinceridad verdadera.

Pero si no hay pureza, perderás inmediatamente la luz que has recibido. La pureza es, de hecho, la vasija interior que retiene la paz, el deleite y el poder espiritual. Muy a menudo recibes algo y lo pierdes porque la impureza entra en ti. La impureza no tiene que ver solamente con los movimientos del plano vital inferior. La duda, el miedo, los celos y la inseguridad son, todos ellos, formas de impureza. Una de las cualidades no divinas que va de la mano de la impureza es el autoengaño, así que has de tener mucho cuidado. Si quieres acelerar tu viaje espiritual, la pureza debe ser lo más importante. De otro modo, no importa cuánta luz hayas recibido o vayas a recibir, no podrás mantenerla.

🪷 *Cada paso consciente de pureza es una precia-*
da victoria, un logro en el camino de aspiración de
mi corazón.

P. Al final de la meditación me siento muy bien. ¿Hay algo que pueda hacer con ese sentimiento, alguna manera de utilizarlo?

R. Todo lo que sientas que puede ser conservado, ¿cómo puedes guardarlo? Ofreciendo gratitud al Piloto Interno. También puedes tratar de sentir que lo que has logrado puede ser trascendido. Si has recibido o logrado una moneda de paz, la próxima vez puedes intentar obtener diez monedas de paz. Y si sientes que has desarrollado un músculo interno para recibir, entonces puedes continuar fortaleciendo ese músculo. De esta manera puedes desarrollar una capacidad interna muy poderosa.

P. Después de meditar, ¿cómo podemos mantener el nivel de conciencia logrado?

R. Aquí, en la sala de meditación todos estamos aspirando; por eso nuestra conciencia está elevada. Cuando vayamos a casa, nuestra conciencia descenderá. Alguna calamidad sucederá o simplemente entraremos en actividades ordinarias y perderemos nuestra aspiración. Aunque no haya una perturbación externa, nos resulta difícil permanecer en nuestra conciencia más elevada, porque no estamos acostumbrados a vivir en ella. Aspiramos durante media hora con suma sinceridad y entonces comienza la relajación. Sentimos que hemos trabajado muy duro, así que ahora merecemos descansar una o dos horas. No valoramos lo que hemos logrado. Sentimos: «Aunque lo pierda, lo recobraré mañana». De manera que empezamos

136

a leer el periódico o a ver televisión. Y de esta manera entramos en la rela- jación.

Si queremos mantener la altura de nuestra aspiración, entonces nuestra aspiración tiene que fluir continuamente. Supongamos que hemos meditado más o menos una hora y no tenemos la capacidad de seguir meditando. Aun así podemos hacer algo que mantenga y preserve nuestra meditación. Podemos leer libros espirituales, cantar canciones espirituales o escuchar música devocional. Podemos visitar a algún amigo espiritual o, si esto no es posible, llamarlo por teléfono y hablar de cuestiones espirituales. Otra cosa que podemos hacer es escribir sobre nuestras experiencias, no con la idea de publicarlas, sino para mantenerlas en nuestra conciencia. Mientras estamos escribiendo una experiencia, estamos revelando nuestra propia luz interna. Entonces, cada vez que leamos una de nuestras propias experiencias, ob-tendremos una nueva inspiración y aspiración. Aun cuando estemos comiendo podemos recordar experiencias internas que tuvimos durante la meditación matinal. Igual que al cargar una batería, estamos recargando nuestra memoria con energía espiritual. De esta manera podemos permanecer en el flujo espiritual que tuvimos durante la meditación y mantener elevada nuestra conciencia hasta la próxima me-ditación.

Si queremos mantener nuestra altura y progresar al máximo, tenemos que ser muy sabios en la vida diaria en cuanto a cómo utilizar cada segundo. Llegará el día en que no tendremos ninguna restricción en nuestra vida; nuestra vida misma será un flujo continuo de aspiración. Pero por ahora tenemos que usar nuestra mente consciente para aspirar.

🪷 *Ahora es el momento para utilizar bien el tiempo. Hoy es el día para comenzar una jornada perfecta.*

P. Algunas veces, después de la meditación, pierdo la alegría que recibí de ella, y me siento muy mal. ¿Por qué pierdo la alegría?

R. Hay dos razones por las cuales pierdes la alegría. Una es que tu mente comienza a funcionar poderosa e impetuosamente. Al funcionar de esta manera permite, consciente o inconscientemente, que pensamientos impuros y oscuros entren. Cuando la impureza entra, la alegría tiene que desaparecer. Pero si la pureza está firmemente establecida en la mente, entonces la alegría durará largo tiempo. Otra razón es que tu vasija interna es pequeña y has obtenido luz, que es la alegría misma, más allá de tu capacidad. La cantidad de luz que has recibido durante la meditación te ha satisfecho, pero tu vasija interna no es lo suficientemente grande para contnerla. Cuando la pierdes, te sientes triste.

P. A veces, cuando desciendo de la meditación, me siento muy triste.

R. La tristeza que sientes es muy natural, porque estabas en un mundo más elevado y tuviste que bajar al nivel terrenal. En ese momento, los problemas y las preocupaciones del mundo entran en ti. Pero si meditas sinceramente durante varios años, estos problemas no se interpondrán en tu camino, porque cuando desciendas de tu meditación, tendrás una tremenda paz, serenidad, alegría y amor hacia la humanidad.

En este momento tienes un amor sin límites por tu hijo. Pero después de meditar durante varios años, el amor por tu hijo se acrecentará, porque sentirás la presencia de Dios en él. En este momento no sientes la presencia permanente de Dios en tu hijo. Si se porta mal o rompe algo, no piensas que es Dios quien está actuando a través de él. En ese momento estás molesta y dices: «No, no, esto no es Dios, esto es el diablo encarnado». Pero llegará el día en el cual verás a Dios dentro de tu hijo todo el tiempo, sin importar lo que diga o haga. Cuando llegues a ese punto, no te sentirás vacía cuando desciendas de tu meditación. Al contrario, aun al entrar en las actividades ordinarias de la vida podrás mantener la misma alegría, deleite, paz y serenidad. Cuando estás meditando debes sentir que estás subiendo a un árbol. Estás yendo alto, más alto, altísimo, para coger los mangos y bajar a repartirlos. Pero si te sientes triste al bajar, eso quiere decir que quieres comértelos todos en la copa del árbol. No quieres bajarlos y compartirlos con los demás. De modo que cuando subas, sube siempre con alegría, y cuando bajes, baja también con alegría. Cuando subas, siente que es para lograr lo más alto y cuando bajes de la meditación, siente que es para compartirlo.

Capítulo 13

TU MEDITACIÓN DIARIA: ALIMENTO PARA EL ALMA

Si quieres ver la faz de Dios, por lo menos tienes que pasar cada día algún tiempo con Su instrumento escogido: tu propio corazón.

Una cita con Dios

Si eres serio respecto a tu vida espiritual, entonces tienes que meditar por lo menos una vez al día. Si tienes mucho entusiasmo, puedes meditar tres veces al día, temprano en la mañana, al mediodía durante la hora de almuerzo y por la noche. Las meditaciones de la mañana y la noche pueden ser más prolongadas, de quince minutos o media hora, mientras que tu meditación al mediodía puede ser sólo de cinco o diez minutos. Si no te es posible alimentar tu alma tres veces al día, por favor, aliméntala por lo menos una vez. Siente que el alma es como un niño divino. Si no alimentas al niño divino dentro de ti, no podrá crecer y manifestar tus cualidades internas divinas y las posibilidades de tu alma.

Es mejor meditar bien una vez al día por la mañana

que sentarte cinco o seis veces al día con los ojos cerrados y simplemente tener pensamientos agradables pasando por la mente. Cada vez que meditas tienes que sentir que estás ofreciéndole tu aliento al Supremo y trayendo a flote la luz de tu alma. Sólo así tu meditación será algo valioso. Si sientes que sólo puedes meditar devotamente una vez, temprano en la mañana, eso es suficiente. Tienes que ver tu verdadera capacidad, sinceridad, entusiasmo y alegría. Si la inspiración está ahí, significa que has recibido permiso del Supremo y podrás correr muy rápido. Algunas personas meditan durante la hora del almuerzo o cuando se toman un descanso en el trabajo. Eso es excelente. Pero, por favor, medita también temprano en la mañana. Así estarás inspirado el día entero.

La meditación matinal es la mejor

Si meditas por la mañana, verás que tu meditación es muy fructífera. Antes de que salga el sol, la conciencia de la tierra no está agitada. El mundo no ha entrado todavía en su trajín diario. La naturaleza está calmada y callada y esto te ayudará a meditar. Cuando la naturaleza está dormida, lo animal en nosotros o nuestra parte no iluminada duerme también. En ese momento estamos en el mundo de los sueños dinámicos y colmadores, desde los cuales la realidad puede crecer. Por eso la conciencia despierta y aspirante pueden obtener el máximo de la meditación matinal.

Cuando amanece, la Madre Tierra se vuelve dinamismo divino o inquietud no divina. Especialmente en Occidente, por su naturaleza dinámica actual, hay cierto ambiente de irritación en el cosmos o en la naturaleza externa. Estas cualidades agitadas del mundo no tienen que entrar en ti, pero usualmente lo hacen. Cuando la gente comienza a moverse de un lado a otro, inmediatamente su vibración entra en ti, no importa dónde estés. El aire, la luz, todo lo que te rodea es penetrado por la vibración de la actividad humana y las ansiedades humanas. El mundo se halla frente a ti como un león rugiente. ¿Cómo puedes entrar en tu meditación más alta ante un león rugiente? Pero si puedes meditar antes de que el mundo despierte, mientras el cosmos está quieto y la gente está descansando, entonces podrás tener una meditación más profunda.

Meditar durante el día es muy difícil. Por la noche la meditación es un poco difícil también, porque durante ocho o diez horas has estado en el ajetreo del mundo. Durante el día has estado con mucha gente que no aspira, e inconscientemente sus pensamientos no divinos e ideas impuras han entrado en ti. Así que, a menos que seas muy fuerte internamente, habrás asimilado muchas fuerzas no divinas del mundo. Por lo tanto, se hace muy difícil meditar por la noche con la misma esperanza y frescura. Si tomas una ducha antes de meditar, te ayudará. Si te reúnes con gente espiritual, también te ayudará.

Por la mañana todas estas fuerzas y experiencias no divinas están fuera de nuestra memoria, por lo menos durante algún tiempo. Mientras duermes, todas las impurezas que han venido a ti de otras personas, son eliminadas. Durante las horas que duermes, tu alma, como un ladrón divino, te está observando. Un ladrón ordinario te robará algo, pero este ladrón divino sólo te dará más y más. Si necesitas paz en una parte de tu ser, tu alma pondrá paz ahí. El alma actúa como una madre que entra secretamente, por la mañana temprano, en el cuarto de su hijo para prepararle las cosas que necesitará durante el día. Por la noche, cuando duermes, tu alma tiene la oportunidad de hacer lo que es necesario para ti. Pero durante el día, cuando estás absorto en las actividades del mundo exterior, es extremadamente difícil para el alma dar y para ti recibir. Por todas estas razones la meditación matinal es la mejor.

💮 *La belleza vino a mí como una rosa de la mañana. El deber vino a mí como el sol de la mañana. La divinidad vino a mí como la aspiración de la ma-ñana.*

La meditación vespertina

Si no puedes meditar por la mañana, al atardecer es la segunda mejor hora, porque al atardecer por lo menos la atmósfera se va calmando y aquietando. Al mediodía la naturaleza está inquieta e indomable, por lo que quizá tu meditación a esa hora no sea muy profunda o intensa. Pero al atardecer la naturaleza está preparándose para descansar y no te molestará. Si meditas al atardecer, puedes mirar el sol poniente y tratar de sentir que eres totalmente uno con la naturaleza cósmica. Puedes sentir que has hecho tu deber satisfactoriamente durante el día y, al igual que el sol, vas a retirarte.

Al atardecer estás cansado y sientes que el mundo entero está cansado también. Pero hay una pequeña diferencia entre el acercamiento del mundo a la verdad y tu propio acercamiento. Cuando el mundo está cansado, no aspira. Pero tú sientes que el cansancio puede ser superado trayendo más luz y energía a tu sistema. Cuando rezas y meditas, en ese momento, una nueva vida y nuevas energías entran en ti y te refrescan.

Una hora fija es importante

Ya medites por la mañana o por la tarde, es de suma importancia que tengas una hora fija para hacerlo. Hasta un bebé llora por su leche a una hora fija. Si eres el dueño de una tienda, y siempre abres la tienda a las nueve, entonces todos confiarán en que pueden venir a las nueve y estará abierta. Todo tiene su propia hora. Tu ser interno y tu Piloto Interno, el Supremo, siempre observan. Si meditas siempre a la misma hora, entonces el Supremo tiene confianza en ti. El Supremo dice: «A esta hora él no está divagando, está meditando. Si le ofrezco algo a esta hora, definitivamente podrá recibirlo».

Dios y tú, debéis acordar una hora específica para vuestra reunión diaria. Cuando Él viene a esa hora, si estás profundamente dormido, te perdonará. Si no estás ahí al día siguiente, serás perdonado también. Pero tú no podrás perdonarte. Tu unidad con Dios no te permitirá hacerlo. Tu alma te dará tales punzadas que te sentirás desdichado. El amor de tu alma por el Altísimo es muy importante para ti. Cuando tu amigo eterno viene, el anfitrión quiere estar listo. La mente humana es una cosa muy traicionera. Por su propia tendencia, la mente oscura e ignorante tratará de evitar que hagas lo correcto espiritualmente. Encontrará muchas excusas para evitar que cumplas los deseos de tu alma. Pero si tu aspiración es sincera e intensa, la disciplina de tener una hora fija para meditar te ayudará a luchar contra el letargo y la vacilación de la mente.

🪷 *Cuando no prestes atención a las innumerables cosas externas, verás que la verdad está frente a ti dándote la fortaleza para disciplinar tu vida.*

Supongamos que quieres meditar a las seis y media. Ésta

es tu hora escogida. Si te levantas a las siete, tu propio letargo y descuido te quitarán toda la inspiración. Por un lado, tu letargo tratará de justificarse a sí mismo. Entrará en tu mente consciente y dirá: «Oh, anoche vine a casa tarde. Por eso no he podido levantarme hoy». O bien: «En los últimos seis días me he levantado a las seis y media. Como Dios es todo bondad, me perdonará hoy». Hay muchas maneras por las cuales tu mente puede justificar que te levantes tarde. Pero aun si llegaste tarde a casa, eso no significa que no harás las cosas más importantes primero. Lo más importante es la meditación; lo más importante es Dios.

Una vez que comienzas tu viaje, si no sigues moviéndote hacia tu meta, estarás perdido. Hoy pensarás: «Estoy cansado, así que voy a parar aquí a descansar. Mañana comenzaré de nuevo». Pero has de saber que la ignorancia está mucho más alerta que tu aspiración. Una vez comienzas a justificarte, no tiene fin. La regularidad te dirá que la meta es real. Pero si eres puntual, inmediatamente hay una especie de dinamismo y movimiento. Tu regularidad es como un motor. Como tienes un motor, sabes que puedes conducir en cualquier momento. La puntualidad es cuando de hecho giras la llave y prendes el motor. Con la regularidad obtienes solamente una vaga idea de que lo harás. Pero con la puntualidad, realmente lo haces.

Si eres regular y puntual en tu meditación, podrás ver tu propio progreso. Si puedes meditar sinceramente y con toda tu alma a una hora fija todos los días, llegarás a ser un experto. En ese momento podrás meditar mientras haces cualquier cosa y no necesitarás una hora fija. Finalmente, podrás meditar durante veinticuatro horas al día, aunque estés hablando con otras personas y haciendo tus múltiples actividades diarias. Pero para eso necesitarás muchos años —tal vez vidas— de práctica.

❦ *No hay camino arduo para ti si tienes un regalo*
de Dios: fe en ti mismo.

Preguntas y respuestas

P. ¿Cómo se puede encontrar tiempo para meditar en el transcurso de un día atareado?

R. Tenemos veinticuatro horas a nuestra disposición y encontramos el tiempo para hacer todo tipo de cosas durante el día. ¿Qué impide que pensemos en Dios durante cinco o diez minutos? Tenemos tiempo para comer, tenemos tiempo para dormir, tenemos tiempo para relacionarnos con nuestros amigos, leer el periódico o ver televisión. Tenemos tiempo para hacer lo que consideramos necesario. Así que, cuando de Dios se trata, ¿cómo podemos decir que no tenemos tiempo?

Dios está implorando que pensemos en Él. Si de veras queremos complacerle, encontraremos el tiempo para pensar en Él y meditar en Él. Pero si no consideramos que Dios es importante en nuestra vida, entonces siempre estaremos demasiado ocupados.

P. ¿Hay alguna hora en la mañana que sea favorable para meditar?

R. La mejor hora para meditar es entre las tres y las cuatro de la mañana. Ésta es Brahma Muhurta, la hora de Dios. No importa cuál sea tu nivel, aunque seas un principiante total, encontrarás muy poca resistencia si meditas a esa hora. La persona occidental que se acuesta a medianoche o a la una de la mañana no podrá meditar a las tres o a las cuatro de la madrugada. Si quieres meditar a las cuatro,

147

debes acostarte a las nueve o las diez de la noche. Para alguien que haya entrado recientemente en la vida espiritual, es esencial dormir siete u ocho horas. Si comienzas a dormir sólo tres o cuatro horas, esto afectará tu salud. Espiritualmente no derivarás ningún beneficio, porque no vas a poder meditar apropiadamente cuando estés cansado. El cuerpo se interpondrá, como un obstáculo, a tu progreso interno. Después de haber hecho algún progreso en tu vida espiritual, entonces puedes reducir gradualmente tus horas de descanso. Cuando tu conciencia física comienza a recibir luz de lo alto, su necesidad de descanso disminuye.

Para la mayoría de las personas en Occidente, la mejor hora para meditar es lo antes posible después de levantarse, antes de comenzar las actividades diarias. Si es posible debes intentar meditar antes de las siete de la mañana. Antes de que el mundo externo te ataque o demande algo de ti, debes entrar en el mundo interno con la intención de nutrirte. De esta manera estás cumpliendo con tu deber interno antes de involucrarte en las actividades externas. Si haces que Dios sea lo más importante en tu vida, todo lo demás tendrá una perspectiva espiritual. Si puedes complacer al ser más querido dentro de ti, Dios, antes de entrar en tus actividades terrenales, estás haciendo lo correcto.

P. ¿Debemos tratar de levantarnos espontáneamente para meditar o es mejor usar un despertador?

R. Debes usar un despertador. Para recibir la Gracia especial de levantarte espontáneamente, tienes que ser un Yogi. Pero, por favor, cuando medites, no tengas un reloj delante. Si de verdad quieres meditar con toda tu alma, no tienes más que profundizar dentro de ti. Cuando meditas, estás complaciendo al Supremo. Él te hará consciente de cuál es el momento para ir a la escuela o al trabajo. Si estás medi-

148

tando realmente, Él hará esto por ti. Pero si estás en el mundo del sueño, soñando y perdiendo un tiempo valioso, no será Su responsabilidad.

P. Si uno se acostó tarde la noche anterior y está muy cansado cuando suena el reloj, ¿es mejor dormir más y meditar después de la hora acostumbrada?

R. Tienes que saber cuán a menudo haces esto. Si lo haces todas las semanas, no es bueno. Pero en alguna ocasión excepcional, está bien. En la escuela estudias durante meses y luego tienes un día de fiesta. Pero si quieres vacaciones todos los días, ¿cómo vas a progresar? Si has meditado durante meses a una hora concreta y en una mañana dada estás excepcionalmente cansado, está bien. Pero si vas a la escuela a una hora distinta cada día, ¿cómo puede estar complacido el profesor?

Las oportunidades no ocurren todos los días en tu vida. La espiritualidad es como una oportunidad. Si pierdes una meditación, tienes que sentir que verdaderamente has perdido algo valioso, que has caminado un paso menos de lo que hubieras podido caminar. Cuando no meditas regularmente, tu conciencia pierde parte de su capacidad y el camino se hace muy largo. Una vez que te relajas, la ignorancia te cubre. Si no te levantas un día en particular, ese día la ignorancia te ha conquistado. Supongamos que te acuestas a las tres de la mañana y cuando es la hora de meditar no puedes levantarte. Pero, ¿quién te pidió que te acostaras a las tres? Dirás que fue inevitable; que tuviste que hacer algo muy importante. Pero mientras estás despierto por la noche, haciendo esa cosa tan importante, siente que a las seis de la mañana también habrá algo inevitable y muy importante que tienes que hacer: tienes que levantarte a meditar. Si aquello que hiciste entrada la no-

149

che era tan importante que no lo pudiste evitar, quisiera decirte que tu meditación es infinitamente más importante; nada puede ser más importante que la meditación.

A veces nuestra fatiga es real; a veces es puramente mental. A veces, aun habiendo dormido diez horas, te sientes extremadamente cansado. Algunas personas duermen mucho más de lo que en realidad necesitan. Muchas veces es tu mente la que te hace sentir que estás cansado y exhausto. La mente es muy astuta. Te hará sentir que si puedes dormir tan sólo cinco minutos más, te sentirás mucho mejor. Si te has de levantar a las seis, la mente te dirá que si tu cuerpo puede dormir un minuto más, te sentirás mejor. Pero si le concedes ese minuto al cuerpo, inmediatamente la mente pedirá cinco o diez minutos más y muy pronto serán las siete o las ocho. Lo mejor es no prestarle atención en absoluto a la mente.

P. ¿Es malo acostarse otra vez después de meditar por la mañana?

R. Si vuelves a dormirte y no te levantas hasta las nueve o las diez de la mañana, entonces tus propias fuerzas vitales o la agresión de la tierra, que está agitada en ese momento, pueden entrar en el resultado de tu meditación y echarlo a perder. Así que es infinitamente mejor si puedes hacer alguna otra actividad espiritual, como leer libros o cantar canciones espirituales.

P. Si uno fija una hora para la meditación y puede levantarse más temprano, ¿debe meditar de todos modos a la hora original?

R. Sí. Si tu hora de meditación es las cinco y media de la mañana, a esa hora tu alma llamará a tu puerta, así que debes estar preparado. Escoge la hora que creas mejor y cumple con ella. Si quieres, puedes levantarte media hora antes para darte una ducha y prepararte, pero debes comenzar a meditar a tu hora escogida.

P. Para una meditación a las seis de la mañana, ¿será mejor si nos levantamos una hora antes de meditar? Si hacemos alguna actividad, ¿estaremos más despiertos?

R. No es bueno si hay demasiada actividad. Si tocas un objeto material, inmediatamente la conciencia del objeto entra en ti. Si tocas una novela, inmediatamente la conciencia del autor entrará en ti. Si estás somnoliento y comienzas a hacer trabajo doméstico para despertarte, entonces la conciencia doméstica entrará en ti. Si estás somnoliento, lo mejor es darte una ducha. El agua significa conciencia. Una vez la conciencia entre en ti, no te dormirás. De manera que no entres en ninguna actividad antes de la meditación. Simplemente, toma una ducha y entonces medita. Puedes prepararte internamente leyendo libros espirituales algunos minutos o cantando algunas canciones espirituales con toda tu alma. Pero no debes hacer tareas domésticas o trabajo de oficina.

P. Si tenemos la tendencia a sentirnos somnolientos, ¿está bien hacer ejercicios físicos antes de la meditación matinal?

R. Ciertamente. Efectuar algunos ejercicios puede hacer que estés más alerta. Es apropiado hacer ejercicios de Hatha Yoga antes de comenzar la meditación.

P. ¿Qué debemos hacer si no meditamos a la hora escogida para ello? ¿Debemos acaso tratar de compensar la próxima vez meditando más tiempo?

R. Si no puedes cumplir con tu hora fija un día determinado debido a circunstancias inevitables, no te sientas miserable. Siempre y cuando no hayas dejado pasar la hora debido a la inercia, la negligencia o al sentimiento de que, como has meditado varios días, ahora te mereces un descanso, entonces no has cometido ningún crimen espiritual. Pero no puedes compensar el haber perdido una meditación, meditando más tiempo la próxima vez. Comes tres veces al día. Supongamos que por la mañana temprano no has desayunado y que al mediodía tampoco almorzaste. A la hora de cenar, si tratas de comer todo aquello que no has comido en el desayuno y en el almuerzo, solamente lograrás una indigestión. Si no comes durante dos o tres días y luego intentas comer toda la comida que no comiste durante el ayuno, tendrás problemas.

Ocurre lo mismo con la meditación. Tienes cierta capacidad interna para meditar temprano en la mañana, al mediodía, por la tarde o por la noche. Si no puedes seguir esta rutina en un día determinado, es mejor simplemente meditar con toda tu alma a tu hora escogida. Si tratas de aumentar la cantidad de tiempo, si tratas de meditar por dos o tres horas en vez de media hora, tu mente física no podrá soportar la presión. En vez de crear más capacidad, ello quebrará tu capacidad. Creará una tensión tremenda en tu vida de aspiración. Todo tiene que hacerse sistemática y gradualmente. Tarde o temprano podrás meditar ocho o diez horas de una vez, pero ahora mismo esto no es posible.

Si tu aspiración es realmente intensa, si Dios es realmente lo primero en tu vida, entonces podrás hacer fácilmente los cambios necesarios en tu vida externa para tener tiempo de meditar. La aspiración interna tiene infinitamente más poder que los obstáculos externos. Si utilizas tu fuerza interna, las circunstancias tienen que rendirse a tu aspiración. Si de veras quieres meditar todos los días, quie-

152

ro decirte que tu aspiración interna te dará el poder para hacerlo. Los obstáculos externos pueden ser superados fácilmente, porque la vida interna es la expresión viva del poder infinito. Ante el poder infinito, los obstáculos externos tienen que rendirse.

🪷 *Una vida espiritual establecida no es una tarea fácil. Pero una vida material satisfecha es una tarea imposible.*

P. ¿Cuánto tiempo debo meditar? ¿Son quince minutos suficiente o debo intentar meditar más?

R. Depende de la persona. Si puedes meditar más de quince minutos, hazlo. Pero tiene que ser con absoluta sinceridad y con toda tu alma. Sentarte durante una hora, simplemente para hacerte sentir que eres un buscador avanzado, es inútil. El alma no estará ahí. Puede que medites cinco horas, pero la meditación no te dará ninguna alegría. No será fructífera en absoluto. Solamente te darás un dolor de cabeza. Si una persona puede meditar quince minutos con toda su alma, y luego siente que tiene la capacidad de continuar, entonces puede continuar. Pero si no tiene la capacidad, será una pérdida de tiempo.

Lo mejor es meditar tanto como puedas sin crear ninguna tensión mental. Depende totalmente de tu capacidad. Aumentar tu capacidad espiritual es como desarrollar un músculo. Puede ser que hoy hagas ejercicio y te sientas cansado después de cinco minutos. Después de dos meses es posible que puedas hacer ejercicio durante media hora o incluso más, porque has desarrollado tus músculos. Hay también un músculo espiritual: la aspiración. Cuánto tiempo y cuán sinceramente puedas clamar por Dios, depende de la fuerza de tu músculo interno.

P. Si medito muy poco, no tengo energía espiritual en el transcurso del día. Si medito demasiado, no puedo mantener mi aspiración.

R. El problema es que estás yendo a los extremos. A veces comes demasiado y no puedes digerir lo que has comido y a veces no comes nada y te sientes débil. Cuando no meditas lo suficiente te sientes miserable y cuando meditas más allá de tu capacidad te sientes desgastado. Pero no tienes que tirar o empujar. Solamente tienes que descubrir cuánta capacidad tienes. Si sólo meditas cinco minutos, naturalmente no estarás inspirado durante todo el día; pero si meditas una hora o dos forzarás tu capacidad y tu cuerpo se rebelará. Medita devotamente y con toda tu alma veinte minutos por la mañana y veinte minutos por la noche y por la tarde si tienes la oportunidad puedes meditar cinco o diez minutos más. Esto será más que suficiente en tu caso particular.

P. ¿Por qué se rebelaría el cuerpo?

R. Si la conciencia física no es suficientemente poderosa o suficientemente pura para contener la paz, la luz y el deleite que la conciencia psíquica está recibiendo de lo alto, entonces sufrirá. Si forzamos más allá de nuestra capacidad, sólo romperemos nuestra vasija. En este caso, capacidad significa receptividad. Si desarrollamos una gran receptividad, no importa cuánto traigamos de lo alto, podremos asimilar todo. Por eso siempre aconsejo no tirar ni empujar. Tenemos que aceptar nuestra vida tal cual es y entonces tratar de transformarla —no por las buenas o por las malas, sino gradualmente, a través de la aspiración.

❀ *Hay una flor de loto muy dentro de ti, pero florece solamente pétalo a pétalo.*

P. Durante la meditación, si uno se siente verdaderamente inspirado, ¿puede aumentar su duración?

R. Al principio, es mejor simplemente permanecer en un estado de ánimo meditativo y leer escritos espirituales o cantar canciones devocionales. Si has estado meditando durante media hora, entonces después de dos o tres meses puedes aumentar la cantidad de tiempo, pero no la aumentes de golpe. Aunque estés inspirado, por favor, aumenta el tiempo de tu meditación gradualmente. De otro modo, si estás meditando bien hoy y duplicas de repente el tiempo de tu me-ditación, entonces el orgullo entrará en ti de una manera muy sutil. Estarás lleno de orgullo el día entero y al día siguiente este orgullo no te permitirá meditar en absoluto. Pensarás que lo has recibido todo de tu meditación, de modo que por dos semanas ni siquiera te levantarás por la mañana.

La meditación es como comer o hacer ejercicios. Si un día determinado comes demasiado, al día siguiente tendrás problemas estomacales. O si tienes la capacidad de hacer cinco flexiones y un buen día te sientes inspirado y haces veinte, al día siguiente estarás tan dolorido que no podrás hacer ni una. Así que aumenta siempre tu capacidad lenta-mente; entonces no tendrás dificultad. Si estás inspirado para meditar más, aumenta el tiempo en dos o tres minutos solamente. Si tu inspiración continúa creciendo, después de un mes aproximadamente, tu meditación será diez o quince minutos más larga.

P. Yo intento meditar durante quince minutos al día, pero tardo casi todo ese tiempo en prepararme para meditar. ¿Qué me sugiere usted?

R. Si quieres meditar quince minutos, trata de reservar media hora. Durante esa media hora, pasarás parte del tiempo en preparación, lo cual es necesario si vas a tener quince minutos de meditación profunda. Puede ser que algunas personas descubran que no necesitan los quince minutos adicionales. Una vez que comienzan, pueden correr. No tienen que hacer salidas preliminares. Pero si para ti es necesario, practica la salida varias veces. Si no, puedes entrar desde el principio en la meditación, con toda tu alma.

P. Hoy no he podido meditar por la mañana, pero he podido meditar más tarde durante el día. ¿Por qué ha ocurrido esto?

R. Puede haber varias razones. Cuando trataste de meditar por la mañana, quizá necesitabas o querías dormir más. Hiciste absolutamente lo correcto al meditar más tarde. Si hubieras meditado bien por la mañana, entonces el tiempo que meditaste te habría dejado satisfecho. Pero como sentiste que no habías meditado bien por la mañana, lo mejor era intentarlo nuevamente más tarde, lo cual hiciste.

P. Soy un ama de casa con niños pequeños. ¿Qué consejo tiene usted para mí?

R. Incluso un ama de casa con niños puede meditar, si está dispuesta a hacer primero lo más importante. Por la mañana temprano, antes de que tu familia se levante y tengas que entrar en el ajetreo de la vida, puedes ofrecerle unos minutos a Dios. Si sabes que a una hora en particular tus niños requerirán comida o tu atención, entonces fácilmente puedes levantarte diez minutos antes.

Luego, mientras cuidas de tus hijos y trabajas en tu casa durante el día, tienes que sentir la presencia viva de Dios dentro de ellos y dentro de todos los que te rodean. Desafortunadamente, la mayoría de la gente no hace esto. Ven a sus hijos y a sus responsabilidades como posesiones y cargas en vez de verlos como oportunidades dadas por Dios para amarle y servirle. Si puedes sentir que amas a tus hijos precisamente porque Dios está dentro de ellos, entonces habrá un flujo espontáneo de alegría y amor divino. En ese momento, tus hijos sentirán también que su madre tiene algo especial que ofrecer. Así que, por favor, trata de sentir que entre tú y tus seres queridos hay un puente, y ese puente es Dios. Amas a tus seres queridos precisamente porque Dios, el eterno Amado, está dentro de ellos. Le estás mostrando compasión a alguien porque la Madre, eternamente compasiva, está dentro de ti. De esta manera puedes permanecer en una conciencia devota y espiritual mientras tratas con tus niños.

P. A veces estoy sintiendo paz y luz a mi alrededor cuando estoy meditando, hasta que alguien me llama desde la cocina o algún otro lugar e interrumpe mi meditación. Entonces me siento frustrada.

R. En primer lugar, para tu meditación más importante debes escoger una hora en la cual sea menos probable que tu familia requiera tu atención. Pero si alguien te llama durante la meditación, no te molestes. Siente que la experiencia que has tenido durante la meditación ha sido muy sublime. Ahora tienes que traerle esta paz, luz, deleite y amor a la persona que te ha llamado o distraído. Si puedes hacer esto, en vez de la frustración verás la extensión de la luz que has recibido. Entonces sentirás más alegría, porque tu logro se habrá expandido.

Lo que estás haciendo es separar tu vida de meditación de la realidad del mundo. En vez de esto, trata de sentir que estás trayendo la divinidad de tu meditación a la situación causante de la interrupción. Al extender tu meditación de esta manera, la verás dentro de tus actividades diarias. La meditación no está sólo en el silencio, sino también en el ajetreo del mundo. Encontrarás que ahí también puedes mantener una conciencia elevada.

🪷 *Dondequiera que vayas, ve con inspiración y aspiración. Hagas lo que hagas, hazlo con amor e interés.*

P. Cuando hemos estado en la escuela todo el día con gente que no aspira y estamos en un estado de ánimo no divino, ¿cómo podemos cambiar este estado de ánimo para poder meditar bien?

R. Intenta pensar que hay dos habitaciones frente a ti. Durante el día, cuando estuviste con gente sin aspiración, estabas en el cuarto oscuro. Intenta sentir que mientras estabas allí, fuiste capturado por unos malhechores que intentaban estrangularte. Intentaban quitarte la vida —tu vida de aspiración.

A continuación, cuando te pongas a meditar, siente que has escapado de ese mundo de destrucción. Pudiste haber muerto a manos de esas fuerzas, pero has escapado hacia la habitación de la paz, la luz y el deleite, que es tu verdadero hogar. Cuando tienes ese tipo de sentimiento, un gran alivio y una gran gratitud entran en ti, y tu existencia es separada automáticamente del mundo de la irrealidad. Si no te separas de estas fuerzas de destrucción cuando vienes a meditar, estas fuerzas no aspirantes vendrán también. Llevarás las vibraciones, la atmósfera y los pensamientos de ese mundo en tu mente. Es como si alguien hubiera echado una gran carga sobre tus hombros. No sabes quién la echó; tú simplemente estás llevándola. De manera que tan pronto entres en la otra habitación, simplemente tira lejos la pesada carga. Algunas personas consideran que la meditación es parte de sus tareas diarias. Sienten que una cosa sigue a la otra en una serie continua; a las ocho van a la oficina; a las cinco regresan; a las seis meditan. Pero es un error tomar la meditación simplemente como otra obligación. No mezcles los incidentes de tu vida que no te inspiran con los que te llenan de satisfacción. Sepáralos y otorga importancia a aquello que lo merece. Cuando entres en el cuarto de meditación, siente que estás entrando en ese momento en la realidad de la vida, mientras que antes estabas viviendo en la vida irreal. En el momento en que hagas esto, verás que la vida real te está dando la bienvenida y ofreciéndote toda su riqueza.

P. Muy a menudo me siento lleno de amor y alegría antes de dormir y puede ser que permanezca despierto sin ningún otro pensamiento que la gratitud. Pero estoy preocupado de no poder levantarme por la mañana. Quiero estar descansado.

R. Si no puedes dormir, pero no hay pensamientos no divinos que te estén molestando, ¿por qué no tratas de meditar nuevamente? Si no quieres meditar, puedes leer libros espirituales. Si es tu hora de dormir, pero no estás cansado, lo mejor para ti es sentir que Dios te ha dado una oportunidad para meditar más. Si te sientes somnoliento mientras meditas, entonces puedes acostarte. Pero si el sueño no te está molestando, debes sentirte afortunado de poder utilizar ese tiempo para un propósito divino.

P. ¿Puede uno progresar espiritualmente meditando durante una semana sin parar?

R. Después de esto habría que abrir más asilos mentales. No es posible. Solamente los Maestros espirituales pueden meditar por horas y días sin parar. Los aspirantes comunes tienen que hablar y relacionarse con la gente y llevar a cabo actividades externas. De otro modo, la mente y los nervios se vuelven muy agitados. Entonces, surge la ira y también una especie de orgullo sutil porque has sido extremadamente espiritual durante una semana entera. Entonces el aspirante se vuelve anormal.

Meditar dieciocho o veinte horas al día es posible, pero solamente cuando estás a punto de realizar a Dios o después que realizas a Dios. Entonces habrás adquirido la capacidad. Pero ahora, si lo intentas, solamente te volverás loco.

🪷 *¿Necesitas alegría? Entonces haz tan sólo tres cosas: medita regularmente. Sonríe devotamente. Ama incansablemente.*

Capítulo 14

¡NUNCA TE DES POR VENCIDO!

> 🪷 *¡Sigue intentando! Sucede frecuente-*
> *mente que la última llave abre la puerta.*
> *Igualmente, es tu última oración la que*
> *puede darte la salvación, y tu última me-*
> *ditación la que puede darte la realiza-*
> *ción.*

Llora como un niño

El éxito de la meditación depende por completo de tu llanto de aspiración. Cuando un niño está verdaderamente hambriento, llora. Puede que esté en el primer piso y su madre en el tercero, pero cuando la madre oye su llanto, va inmediatamente a alimentar al niño.

Tomemos la meditación como un hambre interna. Si estamos realmente hambrientos, nuestro Padre Supremo vendrá corriendo, no importa dónde estemos llorando. Si hay intensidad y sinceridad en nuestro llanto, entonces comenzaremos de inmediato a progresar espiritualmente. De otra manera, puede llevar años y años. Por otra parte, la realización de Dios no es como el café instantáneo —algo que vas a obtener

161

inmediatamente. La realización de Dios requiere su tiempo. Si alguien dice que puede hacerte realizar a Dios de la noche a la mañana, no lo tomes en serio. Lleva veinte años conseguir un doctorado, que está basado en el conocimiento externo. La realización de Dios, que es infinitamente más importante y más significativa tomará, naturalmente, muchos más años. De ninguna manera quiero desalentar a nadie. Si tu hambre interna es sincera, Dios la saciará.

Si practicamos la concentración y la meditación regularmente, seguro que tendremos éxito. Si somos realmente sinceros, llegaremos a la meta. Pero la dificultad es que tal vez seamos sinceros un día o una semana, y entonces sintamos que la meditación no es para nosotros. Queremos realizar a Dios de la noche a la mañana. Pensamos: «Déjame rezar durante una semana, un mes, un año». Después de un año, si no hemos realizado a Dios, nos rendimos. Sentimos que la vida espiritual no es para nosotros. El camino hacia la realización de Dios es largo. A veces, yendo por él, ves bonitos árboles con hojas, flores y frutas. A veces ves sólo el camino, sin ningún paisaje hermoso. A veces ves que estás en un camino sin fin a través de un desierto y que la meta es imposible y lejana. Pero no debes dejar de caminar simplemente porque la distancia parece larga o porque estás cansado y no tienes inspiración. Tienes que ser un soldado divino y marchar hacia delante con valentía y sin descanso. Cada día viajarás un kilómetro más y al ir paso a paso, finalmente llegarás a la meta. En ese momento, sin duda, sentirás que el esfuerzo valió la pena.

🪷 *Ama el campo de batalla de la vida, porque la alegría respira siempre secreta y abiertamente tanto en tu victoria como en tu derrota.*

162

Preguntas y respuestas

P. ¿Qué sucede si, después de meditar durante algunos meses o algunos años, uno decide que quiere descansar y luego continuar el viaje en otro momento?

R. En la vida ordinaria, después de recorrer un kilómetro, puedes quedarte donde estás y descansar antes de continuar el viaje. Pero no es así en la vida espiritual. En la vida espiritual, una vez que descansas la duda entra en ti, el miedo y la sospecha entran en ti. Todo tipo de fuerzas negativas entran en ti y destruyen tus posibilidades. Tu potencial sigue siendo el mismo; antes o después realizarás a Dios. Pero las posibilidades doradas que una vez tuviste se habrán perdido. Caerás nuevamente en tus viejas costumbres y te perderás en la ignorancia, y el progreso que habías logrado será destruido. Sin embargo, la esencia del progreso que hiciste permanecerá dentro del alma. La esencia nunca se pierde, aunque no puedas utilizarla en tu vida externa. La quintaesencia del progreso que hiciste permanecerá en tu corazón y después de cinco o diez años o en tu próxima encarnación, cuando quieras meditar nuevamente, esta quintaesencia saldrá a la luz. En ese momento, si rezas a Dios muy sinceramente para entrar de nuevo en la vida espiritual, tu progreso previo se incorporará en tu vida.

P. ¿Cómo puedo mantener mi entusiasmo para meditar cada día? Algunos días no siento inspiración alguna para meditar.

R. Algunos días no quieres meditar porque por la mañana temprano no renuevas tu amor, tu devoción y tu entrega al Piloto Eterno dentro de ti. Cada día tu Piloto Interno está listo para satisfacer tu hambre interna, pero, sin embargo puede que tú no le ofrezcas ni siquiera un segundo de

163

gratitud. Si puedes sentir un río desbordante de gratitud fluyendo dentro de ti, entonces fácilmente podrás tener una meditación hermosa todos los días.

¿Qué debes hacer si no sientes entusiasmo o inspiración para meditar un día en particular? Recuerda por un instante lo que eras antes de entrar en la vida espiritual. Cuando veas la diferencia entre lo que eras entonces y lo que eres ahora, automáticamente un manantial de gratitud hacia el Supremo brotará dentro de ti, porque es Él quien te ha inspirado y ha despertado tu llanto interno y es Él quien está colmándose a Sí mismo en y a través de ti.

Otra cosa que puedes hacer es recordar alguna ocasión en que tuviste una meditación sublime y conscientemente profundizar en esa experiencia. Piensa acerca de su esencia —cómo te estremeciste de emoción, cómo brincaste de deleite—. Al principio estarás simplemente imaginando la experiencia, porque en realidad no estás teniendo ahora esa meditación. Pero si entras en el mundo de la imaginación y permaneces ahí diez o quince minutos, el poder entrará automáticamente en tu meditación y rendirá fruto. Entonces no será imaginación en absoluto; estarás real y profundamente en el mundo de la meditación.

Hay algo más que puedes hacer. Trata de sentir que lo más querido dentro de ti —ya sea tu alma, tu Maestro o el Supremo— está muy hambriento y que tienes la oportunidad de alimentarlo con tu meditación. Tu alma, tu Maestro y el Supremo son eternamente uno, pero tómalos como individuos separados. Si lo más querido dentro de ti está muriéndose de hambre y tienes la oportunidad de alimentarlo, ¿acaso no lo harás? Si de verdad dices que alguien es tu ser más querido, tu corazón te empujará a alimentarle. Después de alimentarle, él te dará satisfacción y en esa satisfacción te volverás eterno, infinito e inmortal. Cuando el niño tiene hambre, la madre viene corriendo a alimentarle. Después de ser alimentado, el niño sonríe a su madre. La madre ve el mundo entero, el universo entero, dentro de esa sonrisa, porque el niño es su universo. De manera que cuando alimentes a tu ser más querido y éste sonría, en ese momento sentirás que el mundo entero está sonriendo.

No puedes comer todos los días la comida más deliciosa. En la vida espiritual también, y especialmente al principio, es casi imposible tener una meditación muy exitosa todos los días. Incluso algunos Maestros espirituales han pasado por períodos áridos en su vida interna. Pero aun cuando la comida no te inspira demasiado, comes para mantener el cuerpo en forma. Cuando meditas estás alimentando a tu ser interno, tu alma. Si no puedes darle la comida más deliciosa al alma cada día, sigue intentándolo. Es mejor darle algo de comer que permitir que pase hambre. Para mantener tu inspiración, cada vez que te sientes a meditar por la mañana, debes sentir que estás continuando el viaje que ya has comenzado. No debes sentir que estás comenzando tu viaje nuevamente. Siente que ya has avanzado considerablemente y que hoy avanzarás más aún. Y cada vez que progreses debes sentir que has tocado una pequeña porción de la meta. De esta manera sentirás que estás avanzando realmente. Es aún mejor, si sientes que tu meta no está a millones de kilómetros de ti, sino muy cerca, justo delante de tu nariz. Si sientes siempre que la meta está fácilmente a tu alcance, pero que no sabes dónde está, entonces desesperadamente clamarás por ella. En ese momento tu ser interno será inundado de dinamismo. Si sientes que tu meta está muy lejana, te relajarás y sentirás que tienes toda la Eternidad a tu disposición. Pero si sientes que aquello en lo cual quieres convertirte está justo a tu lado y que sólo tienes que usar tu conciencia despierta para asirlo y reclamarlo como tuyo, entonces entrarás con entusiasmo en la meditación.

❀ Anhela alguna cosa divina y ella comenzará inmediatamente a acercarse a ti.

Solamente un aspirante muy avanzado puede mantener el mismo nivel de meditación cada día. Al principio debes sentirte feliz si tienes una buena meditación, aunque sea ocasionalmente. Cuando no tengas una buena meditación, no seas víctima de la frustración, pues eso afectará tu capacidad para meditar al día siguiente. Tienes que saber que Dios quiere tu realización infinitamente más que tú, de manera que tu realización es Su responsabilidad y Su problema. Si Dios no te ha dado una buena meditación hoy, en vez de estar molesto y descorazonado, trata de sentir que Él está planeando hacer algo más importante para ti de alguna otra manera. Si no puedes meditar un día determinado, siente que el Supremo ha querido que tuvieras esa experiencia y simplemente ofrece tu logro a Sus pies devotamente y con toda tu alma. Dile: «Actualmente estas son mis posesiones —posesiones que no deseo— y te las ofrezco a Ti. Las coloco a Tus pies». Si puedes ofrecer tu existencia al Supremo de esta forma, verás que tus meditaciones cotidianas llegarán a ser muy fructíferas.

P. ¿Llegaré algún día al punto en que tendré siempre la inspiración y la aspiración para meditar?

R. En estos momentos tu meditación está a la merced de tu inspiración o tu aspiración. Cuando estás inspirado, cuando tienes aspiración, estás listo para meditar. Desafortunadamente esta aspiración, esta necesidad interna, dura solamente un día o algunas semanas y entonces desaparece. Pero cuando seas un experto, la meditación estará bajo tu control. ¿Cómo puedes convertirte en un experto? Si quieres ser un cantante, un poeta o un bailarín, tienes que

166

practicar diariamente. Lo mismo ocurre con la meditación. Si practicas diariamente, llega un momento en que se convierte en algo espontáneo. Desarrollas el hábito interno. Después de un tiempo te sentirás motivado a meditar a cierta hora. Sentirás que la meditación es la necesidad de tu alma y el ansia interna de meditar nunca te dejará. Temprano por la mañana, cuando sea la hora de tu meditación, tu ser interno vendrá y tocará a la puerta de tu corazón. Entonces tendrás una buena meditación todos los días.

P. ¿Por qué algunas personas siempre meditan bien?

R. Estoy seguro de que en la escuela eres un estudiante sobresaliente. Sin embargo, hay algunos estudiantes en tu clase a quienes no les va bien en absoluto. Eres un buen estudiante porque estudias en tu casa. Algunos de tus amigos no estudian, de modo que no les va bien. En la vida espiritual también tienes que saber que algunos estudiantes meditan sin falta todas las mañanas, al mediodía y por la noche. Cuando meditan con todo su corazón y toda su alma, Dios está complacido con ellos e intensifica su llanto interno para que puedan meditar bien todos los días. Los aspirantes sinceros reciben capacidad adicional de Dios y con esa capacidad divina pueden meditar bien siempre.

Mi vida de progreso es el resultado del pequeño llanto de mi corazón y la gran sonrisa de mi Señor.

P. Mi aspiración parece ser muy débil y me preocupa que no se fortalezca en el futuro.

R. No nos preocupemos del futuro. Pensemos en el presente. Según siembras, así cosechas. Quizás en el pasado no cultivaste la semilla adecuada. Digamos que tu llanto interno no era muy intenso en el pasado y que por eso tu aspiración no es muy fuerte ahora mismo. En este momento no estás clamando por Dios todo el tiempo; no tienes el sentimiento de que sin Dios no puedes vivir. Sientes que mientras haya cosas interesantes en el mundo, mientras tengas amigos, mientras estés cómodo, puedes continuar. Pero cuando sientas que puedes vivir sin agua, sin aire, sin todo, pero no sin Dios, en ese momento puedes estar seguro de que encontrarás satisfacción en el futuro.

Si siembras una semilla ahora, antes o después germinará y se convertirá en una planta. Si sembramos la semilla adecuada —es decir, la aspiración—, el árbol de la aspiración dará su fruto, al cual llamamos realización. Pero si no sembramos la semilla adecuada dentro de nosotros, ¿cómo podemos obtener el fruto adecuado? Así que no nos preocupemos acerca del futuro. Simplemente, hagamos lo correcto hoy, en este instante, aquí y ahora. Trata de aspirar hoy y el futuro vendrá por sí mismo.

P. ¿Cómo puedo mejorar mi meditación matinal?

R. Cada mañana tienes que ofrecer tu gratitud a Dios, por haber despertado tu conciencia mientras que otros aún están durmiendo, y por todas Sus infinitas bendiciones. Si le ofreces tan sólo un poco de gratitud, sentirás la Compasión de Dios. Entonces, cuando sientas la Compasión de Dios, intenta ofrecerte. Di: «Intentaré complacerte sólo a Tu propia manera. Hasta ahora sólo Te he pedido que me satisfagas a mi propia manera, que me des esto y aquello para que pue-da ser feliz. Pero hoy Te estoy pidiendo la capacidad de complacerte a Tu propia manera». Si puedes decir esto con sinceridad, inmediatamente tu meditación matutina mejorará.

❀ Dios está preparado para despertar en el caos de tu mente, pero siendo un perfecto caballero espera tu gentil invitación y preciosa dedicación.

P. ¿Qué opina sobre la meditación colectiva?

R. La meditación individual debe hacerse por la mañana temprano en casa, cuando estás solo. Pero la meditación colectiva también tiene su momento. Cuando entras en la vida espiritual, tratas de expandir tu conciencia. Si afirmas ser miembro de una familia espiritual más grande, entonces es tu deber servir a otros. Cuando meditas con los demás, puedes ser de gran ayuda para ellos y ellos lo pueden ser para ti.

Nadie medita bien todos los días. Digamos que hoy estás en un estado de conciencia muy elevado, mientras que la persona que está sentada a tu lado no está en su conciencia más elevada. Si ambos estáis meditando juntos, tu aspiración e incluso tu presencia misma inspirarán y levantarán a esa persona. Entonces, quizá mañana, puede suceder que tú no estés inspirado para ascender, mientras que la otra persona está en una conciencia elevada. En ese momento la otra persona te levantará. De modo que la meditación colectiva tiene el propósito de la ayuda mutua.

Tienes que sentir que la meditación colectiva es como un juego de tirar de la soga. Supongamos que tú estás en un estado de conciencia muy elevado y el aspirante al lado tuyo también. Si hay diez personas meditando juntas y todas están en un estado muy elevado de conciencia, es como diez personas tirando de un lado de la soga contra la ignorancia. Como la ignorancia es tan sólo una persona, naturalmente, perderá el juego. Si estás meditando en tu casa por tu cuenta y estás luchando contra la ignorancia por ti mismo, puede ser que te canses pronto y te rindas. Pero si puedes meditar con otros, es mucho más fácil.

Cuando meditas en un grupo tienes que sentir tu unidad con los demás. No debes sentir que estás compitiendo con otros o que eres más fuerte o más débil que otros. Cada individuo debe sentir que es fuerte tan sólo en virtud de su unidad con los demás. Ha de sentir que es uno con la aspiración de sus hermanos y hermanas.

Durante la meditación colectiva trata de sentir que los demás no son entidades separadas. Siente que tú eres la única persona meditando y que eres totalmente responsable de la meditación. Cuando todos hayan entrado en ti, cuando todos estén fluyendo en y a través de ti, en ese momento recibirás el beneficio máximo de la meditación colectiva. Si veinte personas están sentadas juntas, han de sentir que son tan sólo un recipiente. No son individuos; se han convertido en un recipiente y son uno en su receptividad. Pero cada uno tiene que sentir que es su obligación y responsabilidad hacer su parte. No puedes sentir: «Oh, como somos uno, deja que él medite por mí».

Durante la meditación colectiva deberías tener un buen sentimiento hacia las personas que están meditando contigo, pero no pienses acerca de ellas específicamente. Si piensas acerca de alguien y esa persona no está aspirando, entonces tu meditación será en esa persona y no en Dios. Tienes que sentir que la conciencia más elevada es la meta, el blanco y tú estás dirigiendo tu flecha de aspiración hacia el blanco. En el plano externo, si un miembro del equipo marca un gol, es suficiente. Pero en la meditación, cada persona tiene que cooperar. Si diez personas pueden anotar un tanto al mismo tiempo, sólo entonces, el grupo consigue una puntuación muy alta.

P. ¿Hay algún problema en que aspirantes que tienen distintos Maestros espirituales mediten juntos?

R. No es aconsejable para aspirantes que siguen un camino meditar con aspirantes de otro camino. Si tú estás siguiendo un camino y la persona que está sentada al lado tuyo está siguiendo otro, habrá, a pesar de tus buenas intenciones, un conflicto entre tu aspiración y la de él. Cuando estés listo para volar, la persona que está a tu lado te retendrá. Inconscientemente cada uno de vosotros tendrá el impulso de sobrepasar al otro. Él tratará de pasarte a ti y tú tratarás de pasarle a él. Aunque digas conscientemente: «No estamos compitiendo», esto no ayuda. Hay una competencia inconsciente. Tú sientes que tu camino es mejor que el suyo y él siente que su camino es mejor que el tuyo.

Es siempre mejor que los discípulos de un Maestro espiritual mediten con aquellos de su propio camino o con aquellos que no han escogido un camino todavía. No es que tengas malos sentimientos hacia ellos; nada de eso. Simplemente sientes que tú vives en tu propia casa y los otros viven en la suya. Pero cuando de inspiración se trata, puedes hablar con personas espirituales que siguen otros caminos. Tú estás tratando de llegar a Dios y ellos están tratando de llegar a Dios. Eso quiere decir que tanto ambos tenéis inspi-ración. Así que si hablas con ellos, ambos obtendréis ins-piración.

P. ¿Qué sucede si estamos meditando cerca de alguien que está pensando cosas mundanas?

R. Si tu meditación es muy elevada, muy poderosa, en ese momento el fuego interno emanará de ti. Si alguien que se sienta a tu lado está acumulando pensamientos mundanos, se sentirá obligado a dejar esos pensamientos a un lado. He visto esto suceder muchas veces cuando tres o cuatro personas se sientan juntas a meditar.

Si una de ellas está teniendo una meditación muy ele-

171

vada, aquellos que están acumulando pensamientos mundanos, o se van del lugar o se sienten empujados desde dentro a meditar de todo corazón.

❦ Cuando tú estás bien, todo alrededor tuyo está bien, porque el hermoso caudal que hay dentro de tu corazón tiene la capacidad de esparcir alrededor su fragancia de luz de unidad.

P. ¿Cómo puedo mantener la paz que siento en la meditación colectiva cuando llego a mi casa?

R. Si meditas en tu casa todos los días, te será muy fácil mantener esa paz. Es muy importante meditar todos los días sin falta. La mejor hora es temprano en la mañana, antes de que amanezca. Cada día comienza con una nueva inspiración, una nueva esperanza. Una nueva vida está entrando dentro de nosotros cada mañana, así que la meditación matutina es indispensable para alguien que quiera seguir un camino espiritual.

También, si puedes relacionarte con gente espiritual, podrán ayudarte. No ignorarás ni odiarás a los demás; ni mucho menos. La gente espiritual no odia a la humanidad, pero tienen que tener cuidado. Tienes que saber que tu poder, tu capacidad, es muy limitado. Mientras tu capacidad sea limitada, no debes juntarte libremente con cualquiera. De modo que trata de juntarte con gente espiritual y medita regularmente. Cuando tengas suficiente fuerza interna, entonces no perderás nada hagas lo que hagas. Cualquier cosa que recibas de tu meditación colectiva y de tu meditación individual, podrás conservarlo.

P. ¿Cómo puede alguien lograr la fortaleza para ir adelante en el camino espiritual?

172

R. Tienes que preguntarte constantemente una cosa: ¿Quieres a Dios o quieres la ignorancia? Ambos están frente a ti a cada momento y tú tienes que escoger. Todo el mundo sabe que no puedes servir a dos amos. Así que cuando estos dos amos se coloquen frente a ti, tendrás que decidir inmediatamente a cuál quieres. Si escoges a Dios, tienes que venir a Él y entrar en Él. Y cada vez que observes que has salido de la conciencia divina, tienes que entrar nuevamente en Él. Si cada vez que salgas de la Conciencia de Dios puedes volver a entrar fiel y rápidamente, llegará el momento en que no saldrás de ella y no entrarás en la ignorancia nunca más. Llegará el día en que tu elección consciente de Dios será permanente y estarás unido a Dios para siempre.

Al comenzar tu viaje espiritual, trata de sentir siempre que eres un hijo de Dios. Temprano en la mañana puedes repetir con toda tu alma: «Soy hijo de Dios, soy hijo de Dios». Verás inmediatamente que todo lo oscuro, impuro y desagradable dentro de ti, se irá. Más tarde, durante el día, cuando la ignorancia venga a tentarte, sentirás: «Soy hijo de Dios. ¿Cómo puedo hacer esto? No puedo entrar en la ignorancia». Repitiendo «soy hijo de Dios» obtendrás fuerza interna y fuerza de voluntad en abundancia.

❦ *Cuando tienes la valentía de intentar, lo tienes todo, porque la realidad reveladora de Dios te ama y te necesita.*

P. ¿Cómo puedo mantener siempre una aspiración fuerte e intensa?

R. El error que tú y otros cometéis es que tenéis una meta fija. Si llegas a cierto nivel durante la meditación, sientes que has llegado a tu meta. O si sientes un poco de alegría en tu vida interna, inmediatamente te sientes complacido.

Quieres descansar en los laureles de ayer. Pero nuestra meta es una meta siempre trascendente. Ayer sentiste un poco de alegría y hoy estás implorando por obtener esa misma alegría. Pero ¿cómo sabes si Dios quiere que tengas esa misma pequeña alegría o si quiere que vayas más allá, mucho más profundo, mucho más alto?

En tu caso parece ser que siempre tratas de llegar a una meta en particular. Si sabes cómo correr cincuenta metros, después de haberlos corrido sientes que tu deber ha sido cumplido. Pero el Supremo no quiere que estés satisfecho con cincuenta metros. Quiere que corras cincuenta y uno, cincuenta y dos, cincuenta y tres, cincuenta y cuatro metros.

Cuando tienes una meta más elevada, inmediatamente tu aspiración aumenta. De otro modo, si tratas de alcanzar siempre la misma meta, no progresas y ello se vuelve algo monótono.

Si siempre vas al mismo sitio, después de un tiempo no querrás ir más allí. Pero si sientes que tu meta está siempre más allá, más elevada, más profunda, que va siempre en aumento, siempre ascendiendo, entonces habrá un entusiasmo constante.

La alegría está en el progreso, no en el éxito. El éxito finaliza nuestro viaje, pero el progreso no tiene fin. Cuando te has fijado una meta y la alcanzas, ése es tu éxito. Después de esto, has finalizado tu viaje. Pero si no tienes una meta fija, si tu meta está yendo más arriba todo el tiempo, entonces progresarás constantemente y obtendrás la mayor satisfacción. De modo que no estés satisfecho con el éxito. Aspira sólo hacia el progreso. Cada vez que progresas, ése es tu verdadero éxito. Cada día, al meditar, siente que vas a ir aun más profundo, que vas a volar aun más alto. Entonces podrás mantener tu intensidad y tu entusiasmo.

P. ¿Cómo podemos mantener firmemente un buen nivel, en vez de subir y bajar?

R. Por favor, siente que cada día es igual de importante. Tu problema es que cuando haces algo bueno sientes que mereces cierto descanso. Hoy tienes una meditación muy bella y piensas: «Ah, como hoy he tenido una meditación maravillosa, mañana puedo descansar». Crees que tu meditación mantendrá la misma velocidad, pero no es así.

Cada vez que medites, debes sentir que tal vez ésta sea tu última oportunidad. Siente que puedes morir mañana, así que si fallas hoy, tu puntuación será cero. Cuando el profesor te da el examen hoy, por favor, no pienses que te dará el mismo examen mañana. El pasado ya se fue. El futuro no existe. Sólo está el presente. Aquí, en el presente, debes volverte divino, o bien permanecerás como eras ayer. Pero como quieres ser divino, debes hacer lo correcto aquí y ahora. Ésta debe ser tu actitud. Debes intentar sentir que hoy es el último día para lograr todo lo que se supone que debas conseguir.

Si fracasas hoy, mañana tienes que sentir nuevamente que es tu último día. No importa cuántas veces fracases, deberías sentir que cada día es el último. Si sientes que la oportunidad vendrá nuevamente y llamará a tu puerta mañana, no lo intentarás hoy. Tal vez sientas que no tienes que aspirar hoy porque tienes muchos mañanas por delante. Pero antes de que esos mañanas vengan, puede que pierdas la aspiración que tienes hoy.

❀ *No te des por vencido. Si perseveras, la paz de mañana vendrá y nutrirá tu mente hoy y la perfección de mañana vendrá y tocará tu vida hoy.*

Capítulo 15

MEDITACIÓN: LA SOLUCIÓN PRÁCTICA
A LOS PROBLEMAS

🌷 *Siempre y cuando tu corazón sea una*
llama ascendente de aspiración, no im-
porta cuáles sean tus debilidades.

¿Es práctica la Meditación?

Decimos que alguien es práctico cuando en su vida
externa hace lo correcto en el momento oportuno. Piensa y
actúa de una manera específica para que otros no le enga-
ñen y para que su vida externa fluya sin obstáculos. Pero
no importa cuán listos, sinceros o conscientes seamos, a
veces estamos perdidos en nuestra vida externa. No sabemos qué decir. No sabemos qué hacer. No sabemos cómo
comportarnos. O, a pesar de hacer y decir lo correcto, todo
sale mal. No sabemos cómo salir adelante con nuestra vida
externa ni cómo manejarla. Queremos sinceramente hacer
algo o llegar a ser algo, pero no podemos hacerlo.

¿Por qué sucede esto? Ocurre porque nuestra capacidad
externa está limitada siempre por nuestro limitado conoci-

miento interno. Pero si somos prácticos en la vida interna, es decir, si rezamos y meditamos, tendremos una conciencia interna ilimitada. Aquel que tiene conciencia interna tiene un acceso libre a la verdad infinita y a la alegría eterna y puede fácilmente controlar su vida externa.

La vida interna lleva constantemente el mensaje de la Verdad y de Dios. Donde se halla la Verdad, hay una semilla. Dejemos que la semilla germine y se convierta en un árbol. Cuando el árbol dé fruto, veremos la capacidad del mundo interno manifestada en el mundo externo. Siempre crecemos desde dentro, no desde fuera.

No importa lo que hagamos o digamos en nuestra vida externa, la luz de la Verdad está siempre lejos. Pero si meditamos primero y luego actuamos y hablamos, estamos haciendo y convirtiéndonos en lo correcto. La vida interna y la realidad interna deben guiar la vida externa y no al con-trario. El aliento de la vida externa debe venir de la vida interna. La realidad interna debe entrar en la vida externa; sólo así podemos ser verdaderamente prácticos en la vida externa.

Preguntas y respuestas

P. ¿Podemos contestar nuestras propias preguntas a través de la meditación? Si es así, ¿cómo podemos saber si la respuesta viene realmente del corazón o del alma y no de la mente?

R. Cualquier pregunta que tengas puede ser contestada durante tu meditación o al final de ella. Si profundizas dentro de ti, sin duda obtendrás una respuesta. Pero cuando obtengas la respuesta, tienes que determinar si ésta viene del alma o de la mente. Si viene del corazón o del alma, tendrás un sentimiento de alivio y de paz. En ese momento ningún pensamiento contradictorio vendrá a negar la respuesta. Pero si la respuesta no procede del corazón o del alma, entonces la mente vendrá a contradecir la idea que has recibido.

Los mensajes que vienen de la mente no tendrán en sí ninguna certeza. En ese momento la mente te dice algo y al momento siguiente otra cosa. Ahora te dice que yo soy un hombre muy bueno; al momento siguiente te dirá: «No, él es muy malo». Pero el corazón siempre ofrece el mismo mensaje. Cuando te sientas a meditar por la mañana, te da un mensaje. Por la tarde, cuando meditas, obtendrás el mismo mensaje del corazón. Si recibes el mensaje interno de ir a ver a alguien, por ejemplo a tu jefe, simplemente irás a verle. Si el mensaje venía de la mente, antes de ir habrá muchas preguntas en tu mente. Si, finalmente vas y el resultado no es satisfactorio para ti, te maldecirás y dirás: «No, no era lo correcto. Recibí un mensaje equivocado». Pero si el mensaje viene del alma, tendrás una tremenda convicción y aceptarás tanto el éxito como el fracaso con igual satisfacción. Cuando estés llevando a cabo el mensaje, no esperarás que nada resulte a tu propia conveniencia; no esperarás que tu jefe esté complacido contigo o que haga algo por ti. Simplemente lo harás, y tanto si resulta un éxito como un fracaso, sentirás que has hecho lo correcto.

P. ¿Cómo podemos saber si un mensaje interno viene del plano vital emocional en vez del alma?

R. Puedes tomar el vital como un corredor y el alma como otro corredor. El corredor vital va muy rápido al principio, con entusiasmo y excitación excesivas, pero no llega a la meta. Corre treinta metros de un total de cien y no puede correr más. El alma corre muy rápido también al principio.

Pero una vez dan la salida, no para hasta llegar a la meta. El alma conoce su capacidad e irá a la meta con suma confianza.

Cuando recibas un mensaje, trata de ver inmediatamente qué tipo de corredor representa. ¿Es éste el corredor que parará sólo al llegar a la meta, o es el corredor que correrá treinta metros y entonces perderá toda su energía? Si el mensaje viene del vital emocional, sentirás que la respuesta no te llevará a tu meta. Pero si viene del alma, sentirás la confianza de que te llevará a la meta.

He aquí otra manera. Cuando escuches una voz ofreciéndote la solución a un problema, imagina que una vasija está llenándose. Si obtienes el sentimiento de una vasija lle-nándose lenta y constantemente, gota a gota, con suma seguridad interna, sabrás que es la voz del alma. De otro modo, sentirás que la vasija está siendo llenada con un jarro o un vaso, de manera apresurada. Se llenará rápidamente, pero muy pronto comenzará a derramarse. El alma llenará la vasija con suma confianza y serenidad interna. Si tienes ese tipo de sentimiento paciente, sabrás que es la voz del alma.

Una tercera manera es imaginar una llama dentro de tu corazón. Hay dos tipos de llamas. Una es firme; la otra es temblorosa. La llama firme dentro de tu corazón no es perturbada por ningún tipo de viento interno. Pero la llama temblorosa es perturbada por el miedo, la duda, la ansiedad y la preocupación. Si sientes que tu llama es temblorosa, entonces es la voz del vital emocional. Pero si es una llama muy firme que asciende hacia lo más alto, sabrás que es la voz del alma. En cuanto sepas que es la voz del alma, puedes tener plena confianza en ese mensaje.

P. ¿Puede uno aprender a superar los miedos propios a través de la meditación?

R. A través de la meditación los miedos internos y externos sin duda se irán. Ahora eres víctima del miedo, porque no sabes cómo expandir tu conciencia. Pero cuando te refugies en tu divinidad, con la ayuda de la meditación, el miedo tiene que abandonarte, porque siente que está llamando a la puerta equivocada. Ahora te sientes indefenso, pero el miedo quedará indefenso en cuanto vea que a través de la meditación estás en contacto con algo muy poderoso.

El propósito de la meditación es unir, expandir, iluminar e inmortalizar nuestra conciencia. Cuando meditamos, entramos en nuestra propia divinidad. La divinidad no tiene miedo a la humanidad, porque la divinidad tiene poder infinito. Cuando tenemos libre acceso a la divinidad, cuando nuestra existencia interna y externa está recargada con el poder infinito e ilimitado de la divinidad, ¿cómo podemos tener miedo a la humanidad? ¡Es imposible!

P. ¿Puede la meditación protegernos de la injusticia que experimentamos en nuestra vida?

R. Cuando tengas que defenderte o protegerte, trata siempre de usar un arma superior. Si alguien dice algo y tú respondes en el mismo nivel, nunca dará fin ese asunto. Por otra parte, si te tragas tu ira, ellos continuarán aprovechándose de ti. Pero cuando vean y sientan una tremenda paz en tu interior, que puedes obtener de tu meditación, verán en ti algo que nunca puede ser conquistado. Verán un cambio en ti y este cambio no sólo los confundirá, sino que también los amenazará y los aterrorizará. Sentirán que sus armas son inútiles.

La paz es el arma más poderosa con la que podemos conquistar la injusticia. Cuando rezas y meditas, todo tu ser es inundado de paz. Esto no es algo imaginario. Puedes sentir la paz; puedes nadar en el mar de la paz. Entonces, no importa lo que otras personas hagan, sentirás que son tan sólo niños jugando frente a ti. Dirás: «Son todos niños. ¿Qué otra cosa puedo esperar de ellos?». Pero ahora mismo, como ellos son mayores en términos de años, tú te irritas y te sientes molesto. Si rezas y meditas regularmente, pronto verás que tu paz es infinitamente más fuerte, más colmadora y más enérgica que las situaciones desafortunadas que los demás puedan crear.

🌸 *No temas. Nadie tiene ningún poder propio. Sólo Dios tiene poder y Su poder es sólo otro nombre para Su Amor incesante.*

P. ¿Hay una manera espiritual para romper malos hábitos?

R. Ciertamente la hay. Antes de hacer cualquier cosa, medita siempre un minuto o por lo menos varios segundos. El poder de esa meditación entrará en el mal hábito como una flecha. La meditación, el soldado, usará sus flechas divinas contra los malos hábitos. Ésta es absolutamente la mejor manera.

P. ¿Puede la meditación ayudar a curar padecimientos físicos, tales como la presión arterial?

R. Meditación significa conocimiento consciente de nuestra fuente. Cuando meditamos, tratamos de ir conscientemente a nuestra fuente, la cual es todo perfección. Nuestra fuente es Dios, nuestra fuente es la luz. La meditación nos lleva a nuestra fuente, donde no hay imperfecciones, no hay padecimientos. ¿Y dónde está la fuente? Está dentro de nosotros.

Cuando meditamos, ¿qué resultados obtenemos en nuestra vida externa? Logramos que nuestra mente esté callada y tranquila. Es casi imposible para la mayoría de los seres humanos tener paz mental. Aquel que no tiene paz mental es un verdadero mendigo; es como un mono en un cuerpo humano. No tiene satisfacción. Pero si tenemos paz mental tan sólo un instante, sentiremos que hemos logrado mucho en la vida. Cuando tenemos paz mental, nuestro vital y nuestro cuerpo se vuelven pacíficos y donde hay paz no hay disarmonía. Es solamente en el mundo de la ansiedad, del descontento, de la tensión y la confusión donde hay disarmonía. De otro modo, no habría padecimientos.

La presión arterial alta, los fallos cardíacos y todas las enfermedades que vemos hoy en día en la creación de Dios, se deben a la presencia de las fuerzas negativas. Estas fuerzas negativas pueden ser conquistadas sólo cuando nos entregamos a la fuerza positiva. Cuando meditamos, tratamos de convertirnos en un canal perfecto de la fuerza positiva. La fuerza positiva es la luz y la fuerza negativa es la oscuridad. La fuerza positiva es el amor y no el odio. La fuerza positiva es la fe y no la duda. En cada momento de nuestra vida la fuerza positiva nos ayuda porque nos lleva conscientemente a nuestra meta, que es la perfección.

Si nuestra mente está calmada y callada, si nuestro vital es dinámico, si nuestro cuerpo es consciente de lo que está haciendo, estamos en el palacio de la satisfacción, donde no puede haber enfermedad, ni sufrimiento, ni imperfección, ni obstrucción a nuestra paz permanente, nuestra luz permanente, nuestra satisfacción permanente. La meditación es un medio; es un camino; es un sendero. Si andamos por este camino, llegamos a nuestra meta, que es todo perfección.

P. Si estamos confusos y nerviosos, ¿cómo puede ayudarnos la meditación?

R. En el mundo físico, cuando alguien tiene dolor de cabeza o indigestión, acude a un doctor y el doctor le cura. Si alguien está enfermo, ¿cómo podemos decir que nunca volverá a estar sano? Si toma la medicina, existe la posibilidad de que se cure. Para una persona enferma, la medicina es la respuesta. Si alguien es atacado por la ansiedad, la preocupación y la confusión el remedio es la meditación. Simplemente porque es una víctima, no podemos decir que no habrá un salvador. El salvador está ahí, siempre y cuando el individuo quiera ser curado.

Supongamos que alguien es atacado por la confusión y por fuerzas negativas que le roban la energía y le quitan toda la alegría de su vida. Está deprimido y se ha entregado a la frustración debido a los problemas innumerables en su vida. Tomémosle como un paciente; necesita un doctor, necesita tratamiento. Cuando un individuo está sufriendo algunas dolencias en el mundo mental, tiene que ir a alguien que tenga cierta paz mental, cierta luz, cierta seguridad interna para él. Esto es un maestro espiritual. El maestro espiritual es como el doctor que aconsejará a la persona cómo puede librarse del miedo, la duda, la confusión, la tensión y todas las fuerzas negativas que le están torturando.

P. ¿Es realmente necesario buscar ayuda cuando estamos sufriendo de problemas de la mente? ¿Acaso no podemos meditar por cuenta propia y encontrar la respuesta?

R. Supongamos que dices: «Estoy sufriendo ciertas dificultades mentales, pero sé que la respuesta está dentro. Ahora mismo es todo una noche oscura, pero siento que hay luz en mi corazón». Esto es lo que sientes, pero te parece que es difícil profundizar y descubrir la luz. Entonces tienes que ir a alguien que saque a flote la luz que tienes dentro de ti. Es como si hubieras extraviado la llave para entrar a tu propia casa y no sabes cómo abrir la puerta. Pero un amigo tuyo viene con una luz y te ayuda a buscar la llave. Después de encontrarla con su ayuda, abres la puerta y entonces él se va.

Si estás listo para buscar en la oscuridad la llave que extraviaste, puedes intentarlo. Pero si hay un amigo que tiene una luz, puedes tener más confianza al buscar la llave. Así que el maestro es un ayudante, un amigo eterno que te ayuda en tu búsqueda. Cuando te ayuda a encontrar la llave, él no se la va a quedar. No dirá que es suya. ¡No! Es tu llave, tu casa, tu luz. Entonces entrarás en la casa y obtendrás todo lo que querías y necesitabas.

P. Si nos sentimos nerviosos o trastornados, ¿cómo podemos hacer descender la paz?

R. Hay dos maneras. Una manera es respirar silenciosamente y decir «Supremo» muy lentamente tres veces. Pero si esto es difícil, puedes invocar al Supremo tan rápidamente como te sea posible. El miedo o la ansiedad tiene una velocidad propia. Si estás a punto de ser atacado por tu enemigo, trata de repetir el nombre del Supremo mucho más rápido que la velocidad del ataque que estás recibiendo de la ira o del miedo. Si puedes hacer esto, el Supremo conquistará inmediatamente tu ira, tu frustración o tu miedo.

Mira la flor de tu corazón y sonríe. Podrás resolver tus problemas más urgentes.

P. ¿Cómo puede uno permanecer calmado mentalmente cuando tiene que hacer tantas cosas en tan poco tiempo?

R. En primer lugar, si no tienes paz, ¿piensas acaso que las cosas que tienes que lograr serán logradas más pronto? ¡No! Cuando estás inquieto y agitado, cuando estás lleno de preocupaciones y ansiedades, simplemente aumentas tus problemas y dificultades. Supongamos que tienes una meta a la que quieres llegar lo antes posible. Si llevas

186

componentes no divinos dentro de ti, como el miedo, la duda, la ansiedad, la inseguridad, etcétera, eso significa que estás llevando una carga extra y disminuyendo tu capacidad. ¿Cómo podrás llegar a tu meta lo más pronto posible? Tu hora asignada se retrasará.

Un corredor sabe que si lleva peso extra, sus oponentes le vencerán. Tú debes sentir la necesidad de vaciar tu mente todo el tiempo. Cuando la duda, el miedo, la inseguridad o alguna otra fuerza negativa entre en tu mente, simplemente échalas fuera, arrójalas a un lado para poder correr al máximo. Las preocupaciones y las ansiedades nunca nos ayudarán. Al contrario, solamente nos retrasarán. Pero si tenemos paz mental, podemos correr lo más rápido posible hacia la meta.

P. ¿Cómo podemos utilizar la meditación para deshacernos del dolor?

R. Debes tratar de invocar la luz para curar el dolor. El dolor es, después de todo, una especie de oscuridad dentro de nosotros. Cuando la luz interna o la luz de lo alto comienza a funcionar dentro del dolor mismo, este dolor es extraído o transformado en alegría. Los aspirantes realmente avanzados pueden incluso sentir alegría dentro del dolor mismo. Pero para eso uno tiene que estar realmente avanzado. En tu caso, durante la oración o la meditación, debes intentar hacer descender la luz de lo alto y sentir que el dolor es una oscuridad dentro de ti. Si traes la luz de arriba, el dolor será iluminado y transformado o será quitado de tu sistema.

P. Una vez, mientras estaba meditando, súbitamente me encontré pensando en algunos amigos que necesitaban ayuda. Nunca podré describir el poder que sentí en ese momento, pero cogí a esos amigos y los levanté. Dos o tres días más tarde recibieron ayuda. Uno de ellos necesitaba un trabajo y lo consiguió, y otro de ellos estaba enfermo y su salud mejoró. ¿Estuvo esto relacionado a mi experiencia o fue simplemente una coincidencia?

R. No fue una coincidencia, ni mucho menos. Fue tu propio ser interno quien les ayudó. En ese momento tú te convertiste en un instrumento de tu Piloto Interno, el Supremo. El Supremo quería ayudar a esa gente y Él te hizo el instrumento para ayudarles. No fue una coincidencia. Cuando meditas y entras en tu conciencia más elevada, tu alma trata inmediatamente de ayudar a tus seres queridos. Cuando entras en un plano de conciencia muy alto, muy profundo, automáticamente el poder interno sale al frente y entonces puedes ayudar a otros. Algunas veces tus amigos no saben quién les ayudó. Pero tu alma y sus almas saben que la ayuda vino de ti. No es tu alucinación mental o tu ego.

❀ *Si puedes escuchar mejor, la Compasión de Dios inmediatamente se convertirá en un mejor consejero.*

Capítulo 16

LA MEDITACIÓN EN ACCIÓN:
SIRVIENDO A LOS DEMÁS

🪷 *No trates de cambiar el mundo. Fracasarás. Trata de amar al mundo. ¡Milagro! El mundo ha cambiado, cambiado para siempre.*

¿Cómo puedo compartir mi Meditación?

Cuando meditamos en silencio con suma devoción, es una forma de meditación. Cuando tratamos de dedicar nuestro trabajo a Dios o al mundo, es otra forma de meditación, a la cual llamamos manifestación. En ese momento estamos sirviendo a la divinidad en la humanidad.

Para poder servir a la divinidad en la humanidad con eficacia, tenemos que sentir conscientemente la presencia de Dios en aquellos a quienes estamos sirviendo. Mientras hablamos con alguien, tenemos que sentir que estamos hablando con la divinidad dentro de esa persona. De otro modo, si estamos simplemente ayudando a alguien a nuestra propia manera, sin ningún sentimiento consciente de dedicación al

Supremo, ese trabajo no puede ser considerado como una forma de manifestación o como una meditación en acción. Si rezamos y meditamos, sentiremos que Dios está dentro de todo el mundo, que Él es una realidad viviente. Es cierto que Dios está en todas partes y en todas las cosas. Pero si rezamos y meditamos, esta creencia mental se convierte en una verdad real y viva para nosotros. En ese momento serviremos conscientemente a cada persona porque sabemos y sentimos que Dios está dentro de ella. Si no vemos a Dios, la verdad o la luz en nuestras acciones, entonces puede que nuestra mente física no esté convencida del valor de las cosas que hacemos. Hoy serviremos a alguien y mañana diremos: «¡Oh, es tan tonto! No tiene aspiración, no tiene buenas cualidades! ¿Por qué he de servirle?». Si miramos a una persona sin la oración y la meditación, separaremos la persona del alma. Pero si oramos y meditamos, veremos el alma, la divinidad dentro de cada persona e intentaremos hacer salir esa divinidad.

Si oramos y meditamos, nuestro trabajo será un servicio dedicado y este servicio dedicado nos ayudará a progresar espiritualmente. Hay muchas personas que trabajan quince, dieciséis horas al día. Pero su acción no es un servicio dedicado. Sólo trabajan mecánicamente para hacer dinero y para ocuparse de sus responsabilidades externas. Pero si realmente deseamos dedicarle nuestra vida a Dios y a la humanidad, entonces la oración y la meditación nos permitirán hacerlo.

Preguntas y respuestas

P. ¿Debería una persona encerrarse y rechazar a la humanidad para poder meditar?

R. La humanidad es una parte integral de Dios. ¿Cómo vamos a abrazar a la divinidad rechazando a la humanidad? Tenemos que aceptar el mundo tal cual es ahora. Si no aceptamos una cosa, ¿cómo vamos a transformarla? Si un alfarero no toca el barro, ¿cómo va a darle forma y convertirlo en una vasija? El que medita tiene que actuar como un héroe divino en la humanidad.

La humanidad está, actualmente, muy lejos de la perfección. Pero nosotros somos también miembros de esa humanidad. ¿Cómo podemos descartar a nuestros hermanos y hermanas, que son como las extremidades de nuestro propio cuerpo? Si hacemos eso, solamente limitaremos nuestra propia capacidad para actuar eficazmente en el mundo. Tenemos que aceptar a la humanidad como algo muy nuestro. Si podemos inspirar a otros, si estamos un paso por delante, entonces tenemos la oportunidad de servir a la divinidad en aquellos que nos sigan.

Tenemos que enfrentarnos al mundo y realizar al Altísimo dentro del mundo. No queremos vivir huyendo. ¿Quién huye? El que tiene miedo o el que siente que ha hecho algo gravemente malo. No hemos hecho nada malo y no tenemos que temer al mundo que nos rodea. Si tenemos miedo del mundo, tendremos miedo de todo.

Ahora mismo vemos un mundo gigante de imperfección a nuestro alrededor. Tratamos de escapar de él para protegernos. Pero un enemigo mucho más formidable que el mundo actual es nuestra propia mente. Incluso si nos vamos a vivir a una cueva, no podemos escapar de nuestra mente. Llevamos esa mente con nosotros —una mente que está llena de ansiedad, celos, confusión, duda, miedo y otras cualidades no divinas—. Esta mente nuestra nos fuerza a permanecer en el campo de batalla de la vida. Si no conquistamos nuestra mente mientras vivimos en el mundo, ¿de qué nos valdrá el simple hecho de apartar nuestro cuerpo del mundo cotidiano?

191

No necesitamos y no debemos entrar en las cuevas de los Himalayas para poder meditar. Tenemos que tratar de cambiar la faz del mundo basados en la fuerza de nuestra dedicación a la divinidad en la humanidad. La meditación no es un escape. La meditación es la aceptación de la vida en su totalidad con la intención de transformarla para la más alta manifestación de la Verdad divina aquí en la Tierra.

Aquellas personas que quieren meditar solamente para su propia paz y progreso interior y no quieren ofrecerle nada al mundo, son egoístas. Por otra parte, hay quienes quieren darle algo al mundo, pero no quieren meditar para lograr algo que valga la pena dar. Esto es una tontería. Si no poseemos algo, ¿cómo vamos a ofrecerlo? Hay muchas personas en el mundo que están dispuestas para dar, pero, ¿qué tienen? Así que tenemos que desempeñar nuestro papel. Primero tenemos que obtener y luego tenemos que ofrecer. De esta manera podemos complacer a Dios y colmar a la humanidad.

❦ ¿Quieres cambiar el mundo? Entonces cambia tú mismo primero. ¿Quieres cambiarte a ti mismo? Entonces permanece silenciosamente dentro del océano del silencio.

P. ¿Es posible mantener durante el día la paz interna que sentimos durante nuestra meditación matutina, especialmente cuando nuestros trabajos son muy agitados y nos encontramos a veces en situaciones irritantes?

R. Por la mañana, cuando reces y medites, siente que has obtenido una verdadera riqueza en forma de paz, luz y deleite. De la misma manera que guardas tu dinero dentro de la cartera, puedes guardar la paz, la luz y el deleite dentro de tu corazón. Con el poder material puedes comprar lo que quieras. Igualmente, el poder espiritual que recibes de la oración y la meditación es un poder real. Cuando la gente esté discutiendo, peleando o comportándose de una manera negativa, no tienes más que hacer salir el poder interno que has guardado en tu corazón. La paz es poder, la luz es poder, el deleite es poder, igual que el dinero es poder. Simplemente, haz salir estas cualidades. El poder de la paz interna es infinitamente más sólido y concreto que cualquier perturbación externa que alguien pueda crear en la Tierra. Tu paz interna puede devorar fácilmente la irritación causada por otros.

P. Si meditamos bien por la mañana y adquirimos cierta paz, luz y deleite que podamos mantener durante el día, ¿será esto perceptible a los demás?

R. Si has logrado algo en tu meditación, seguro que tus amigos y colegas verán algo agradable, calmante, bello e iluminador en ti. La paz, la luz y el deleite han entrado a través de tu alma en tu conciencia física. Cuanto más elevada y más profunda sea tu meditación y más hayas recibido, más brillarán y radiarán tu faz y tu ser externo. Cuando termines de meditar, simplemente mírate en el espejo; notarás la diferencia entre lo que eres ahora y lo que eras hace una hora. Esta diferencia física obvia se debe al hecho de que tu conciencia física está manifestando la luz de tu alma. Incluso al caminar por la calle estarás esparciendo esta luz. Es como un perfume que tienes dentro. No estás de hecho usándolo, sólo lo estás guardando; pero está esparciendo su fragancia. En ese momento el mundo de la aspiración e incluso el mundo del sufrimiento, la depresión y la desesperación verán sin duda algo en ti. Y tratarán de seguirte —a veces de mala gana, a veces con alegría, a veces con ambición—; pero de una manera u otra tratarán de seguirte.

No tienes que decirle a los demás cómo la meditación ha

cambiado tu vida. Sólo deja que te vean un día que hayas meditado bien y otro día que no hayas tenido una buena meditación. El día que hayas meditado bien, verán un cambio tremendo en ti. Tu presencia misma les inspirará.

P. ¿Cómo puedo cubrir el espacio vacío que siento entre mi vida espiritual, que está llena de alegría y mi vida en la oficina, que carece totalmente de aspiración?

R. La vida espiritual no significa que vas a estar siempre sentado en meditación con los ojos cerrados. Cuando hagas algo en el mundo externo, si puedes sentir que lo estás haciendo para Dios, entonces todo lo que hagas será parte de tu vida espiritual. De otro modo, cuando estés meditando en tu cuarto, sentirás que estás haciendo lo correcto y el resto del tiempo te sentirás miserable. El trabajo dedicado es también una forma de meditación. Por la mañana el Supremo quiere que entres en tu conciencia más elevada, que le ofrezcas tu amor y tu devoción y que recibas Su paz, luz y bendiciones. Quiere que luego vayas a tu oficina y hagas tu labor dedicada. En ambos casos, si puedes sentir que estás haciendo algo porque has recibido el mensaje desde tu interior, entonces tendrás la mayor alegría. Tú no eres el actor; sólo eres un instrumento dedicado sirviendo a una realidad superior. Si puedes sentir esto, tendrás alegría, hagas lo que hagas. Incluso si estás haciendo algo mecánico, algo intelectual o algo que no es inspirador en absoluto, tendrás una gran alegría porque estás sirviendo a una causa superior. Tienes que saber que puedes sentir la presencia de Dios en cualquier cosa que hagas. Si puedes estar consciente de Dios mientras haces algo —ya sea limpiando o cocinando o trabajando— entonces sentirás que Dios ha entrado en lo que estás haciendo. Si puedes sentir la presencia de Dios en tu actividad, entonces lo que estés haciendo está con Dios y es para Dios. Si puedes mantener la conciencia elevada y la paz mental mientras trabajas, tu trabajo mismo es una verdadera forma de meditación.

🌸 *Cada momento devoto prepara un amanecer hermoso y un atardecer fructífero.*

P. Cuando la gente trata de ayudar a la humanidad, ¿no es acaso parcialmente debido al ego?

R. Para una persona ordinaria, que no está aspirando conscientemente, el tratar de ayudar a la humanidad es un ideal positivo y progresivo, aunque esté inspirado parcialmente por el ego. Pero aquellos que están aspirando conscientemente para llegar a Dios tienen una meta diferente. Su meta no es ayudar, sino servir a la humanidad, a la manera de Dios.

Como aspirantes espirituales, tenemos que saber por qué estamos haciendo algo. ¿Hemos sido inspirados por Dios? ¿Hemos sido delegados por Dios? Si nuestras acciones no han sido inspiradas por Dios, si no estamos haciendo la Voluntad de Dios, entonces el servicio que estamos ofreciendo a la humanidad estará lleno de oscuridad e imperfecciones. Si tratamos de ayudar a la humanidad a nuestra propia manera, podemos pensar que estamos sirviendo a Dios, pero en realidad simplemente estaremos agrandando nuestro ego. Ese tipo de dedicación no es dedicación en absoluto para un verdadero aspirante espiritual.

P. ¿Qué puedo hacer si a veces estoy molesto o irritado y no siento ganas de meditar? ¿Está bien hacer servicio desinteresado en su lugar?

R. Ciertamente. Si tu agitación mental no ha afectado a tu

cuerpo físico, en ese caso, si sientes que puedes trabajar devotamente, hazlo. Cuando trabajas para el Supremo, haces meditación en el plano físico. Tienes un cuerpo, un vital, una mente y un corazón. Si no puedes meditar en todas las partes de tu ser, entonces trata de meditar por lo menos en una de ellas. Pero si todas las partes de tu ser — el físico, el vital, la mente y el corazón— trabajan juntas devotamente, ésa es la mejor forma de meditación.

P. Si abandonamos todos nuestros deseos y vivimos siempre en el mundo interno, ¿cómo habrá progreso alguno en el mundo externo ?

R. Si sientes que no podemos vivir todo el tiempo en la luz, que tenemos que vivir doce horas en la oscuridad y doce horas en la luz, esa filosofía está perfectamente bien, de acuerdo al nivel de ciertos individuos. Alguien medita una hora y luego entra en la vida ordinaria. Otra persona puede meditar varias horas, mientras que hay personas que pueden meditar día y noche. Es todo una cuestión de necesidad. La necesidad interna empuja a una persona a meditar una hora y a otra a meditar doce horas o veinticuatro horas.

Cuando alguien medita una hora, obtiene cierto tipo de satisfacción. Durante esa hora pudo estar haciendo algo totalmente distinto, pero no lo hizo. Prefirió meditar. Sintió que la satisfacción que obtendría de la meditación sería más valiosa que la satisfacción que obtendría de trabajar, dormir o cualquier otra cosa que hubiera hecho durante esa hora. Después, quizá quiera volver a la vida mundana y al tipo de satisfacción que ésta ofrece. Es cuestión de qué tipo de sa-tisfacción quiere y necesita la persona.

Hay dos habitaciones. Una habitación ahora mismo está oscura y la otra está iluminada. Una persona dirá que quiere ambas habitaciones por igual: «Quiero quedarme

196

doce horas en la habitación oscura y doce horas en la iluminada». Nadie le impide hacerlo. Pero puede ser que otra persona no sienta la necesidad de estar en la habitación oscura en absoluto. Ella dirá: «Quiero quedarme solamente en la habitación que está iluminada».

🪷 *Ayer era astuto. Por eso quería cambiar el mundo. Hoy soy sabio. Por eso estoy cambiándome a mí mismo.*

Entonces hay otra persona que dice: «Yo he permanecido veinticuatro horas en la habitación iluminada y he recibido la iluminación. Ahora, déjame ir a la habitación que está oscura todavía e iluminarla con mi luz». Esta persona tiene un gran corazón, de modo que entra en la habitación oscura para iluminar a sus hermanos y hermanas que están todavía en la oscuridad. Estaba obteniendo satisfacción, satisfacción permanente, en la habitación iluminada, pero esto no era suficiente. Quedará satisfecho sólo cuando entre en la habitación oscura y la transforme con su luz. De modo que hay ciertas personas en la Tierra que han vuelto al mundo del sufrimiento, aunque tienen la capacidad perfecta de permanecer eternamente en el mundo de la luz y el deleite. Si podemos traer la riqueza del mundo interno al mundo externo, entonces podemos iluminar fácilmente este mundo, y esta iluminación no es otra cosa que progreso. Pero primero tenemos que entrar en el mundo interno —el mundo de la luz— y recibir algo nosotros mismos antes de que podamos ofrecerlo al mundo externo. Cuando podamos hacer esto, el mundo interno y el mundo externo estarán unidos y el mundo externo estará totalmente preparado para el mensaje interno. Ahora mismo el mundo externo no está listo, pero llegará un día en el cual el mundo externo y el mundo interno progresarán perfectamente juntos.

P. ¿Forman la actividad y la meditación la esencia de su filosofía?

R. Nuestra filosofía no niega la vida externa ni la vida interna. La mayoría de los seres humanos niegan la vida interna. Sienten que la vida interna no es importante, siempre y cuando la vida externa sea placentera. Por otra parte, hay unos pocos que piensan que la vida externa no es necesaria. Sienten que lo mejor es entrar en las cuevas de los Himalayas y vivir una vida de soledad, ya que la vida externa es tan dolorosa y carente de inspiración.

Nosotros no creemos en vivir una vida de soledad ni una vida ordinaria —la llamada vida moderna que depende de las máquinas y no de la realidad interna, el alma—. Nosotros tratamos de sintetizar y armonizar la vida externa y la vida interna. La vida externa es como una flor hermosa y la vida interna es su fragancia. Si no hay fragancia, no podemos apreciar la flor. Por otro lado, si no hay flor, ¿cómo puede haber fragancia? Así que la vida interna y la vida externa deben ir juntas.

Capítulo 17

EL GURU: TU TUTOR PRIVADO

🪷 *Lo más importante que un Maestro espiritual hace por sus hijos espirituales es volverles conscientemente conocedores de algo vasto e infinito dentro de ellos, que no es otra cosa que Dios mismo.*

¿Qué es un Guru?

Guru es una palabra sánscrita que significa «aquel que ilumina». Aquel que ofrece la iluminación es llamado Guru. De acuerdo a mi propia realización interna quiero decir que sólo hay un verdadero Guru y ése es el Supremo. Ningún ser humano es el Guru verdadero. Pero a pesar de que sólo el Supremo es el Guru verdadero, aquí en la Tierra valoramos el tiempo. Por tanto, si encontramos a alguien que nos pueda ayudar en nuestro viaje hacia la iluminación, tomamos su ayuda y podemos llamarle nuestro Guru.

Un Maestro espiritual o Guru es como el hijo mayor en la familia y los aspirantes son sus hermanos y hermanas espirituales más jóvenes. Los Maestros espirituales dicen y enseñan a sus hermanos y hermanas menores dónde está su Padre, el Guru Absoluto.

El verdadero Guru no está en el inmenso cielo azul. Está en lo profundo de tu corazón. Puede que te preguntes: «Si está dentro de nuestro corazón, ¿por qué para encontrarle es necesaria la ayuda de otra persona?» Aunque este tesoro de valor incalculable está en nuestro corazón, no podemos verlo o sentirlo, así que necesitamos ayuda. Un amigo nuestro, a quien llamamos nuestro Guru o Maestro espiritual, viene a nosotros y nos enseña cómo encontrar nuestro propio tesoro.

No es obligatorio tener un Guru vivo, pero es ciertamente recomendable. Sabes que hay una meta y quieres alcanzarla. Si eres sabio, aceptarás la ayuda de alguien que pueda mostrarte el camino más fácil, seguro y efectivo hacia la meta. Si quieres tardar cientos y miles de años para realizar a Dios, no es necesario tener un Maestro espiritual. Pero si quieres alcanzar la meta lo antes posible, entonces, ciertamente es una necesidad.

Tener un Maestro facilita tu progreso espiritual interno. Un Maestro espiritual es tu tutor privado en la vida espiritual. Hay una gran diferencia entre un tutor privado y un maestro ordinario. Un maestro ordinario mirará el examen del estudiante y le dará una nota. Examinará al estudiante y le otorgará un grado de aprobado o de suspenso. Pero el tutor privado alienta e inspira personalmente al estudiante en su casa para que pueda aprobar el examen. A cada momento en el viaje de la vida, la ignorancia trata de examinarte, pero tu tutor privado te enseñará cómo aprobar fácilmente el examen. Es tarea del Maestro espiritual inspirar al aspirante y aumentar su aspiración para que pueda realizar al Altísimo lo antes posible.

Para aprender cualquier cosa en este mundo, al principio necesitas un maestro. Para aprender matemáticas necesitas un maestro. Para aprender historia necesitas un maestro. Es absurdo sentir que para todas las cosas en la vida necesitas un maestro, excepto para la meditación. ¿Por qué va la gente a la universidad cuando puede estudiar en su casa? Porque sienten que van a recibir instrucción experta de personas que conocen bien la materia. Ha habido unos pocos, pero muy pocos hombres de verdadero conocimiento, ques no fueron a ninguna universidad. Sí, hay excepciones; cada regla admite sus excepciones. Dios está en todos y si un aspirante siente que no necesita ayuda humana, es muy libre de probar su capacidad por sí mismo. Pero si uno es sabio y quiere correr hacia su meta en vez de tropezar o meramente caminar, entonces sin duda, la ayuda de un Guru será incalculable.

Supongamos que estoy en Londres. Sé que Nueva York existe y que tengo que ir allí. ¿Qué necesito para llegar? Un avión y un piloto. Aunque el avión me puede llevar, no es posible sin la ayuda del piloto. Igualmente, tú sabes que Dios existe. Quieres llegar a Dios a través de la meditación, pero alguien tiene que llevarte allí. Igual que el piloto me lleva a Nueva York, alguien tiene que llevarte a la conciencia de Dios que está dentro de ti. Alguien tiene que enseñarte cómo entrar en tu propia conciencia divina a través de la meditación.

Un Maestro espiritual viene a ti con un barco. Dice: «Ven. Si quieres ir a la Orilla Dorada, yo te llevaré». Si dices que no necesitas la ayuda de nadie, si quieres cruzar el mar de la ignorancia por ti mismo, depende de ti. ¿Pero cuántos años o cuántas encarnaciones te llevará? Y por otro lado, después de nadar durante algún tiempo, puede ser que te canses totalmente y te ahogues.

Sin un verdadero Guru tu progreso será lento e inseguro. Puede ser que tengas experiencias elevadas que te alcen, pero no les des la significación adecuada. O puede que la duda entre en tu mente y pienses; «Sólo soy una persona normal y corriente, ¿cómo puedo tener este tipo de experiencia? Quizás estoy engañándome a mí mismo». O le contarás a tus amigos tus experiencias y ellos dirán :«¡Eso es todo alucinación mental!». Pero si hay alguien que conoce lo que es la realidad interna, podrá asegurarte que las experiencias que has tenido son absolutamente reales. El Maestro alienta al discípulo y le inspira. Y si el aspirante está haciendo algo equivocado en su meditación, el Maestro está en posición de corregirle.

Cuando terminas un curso, no necesitas más al profesor. Si quieres aprender a cantar, vas a un cantante y aprendes con él. Si quieres ser un bailarín, vas a un bailarín. Una vez que te conviertes en un buen cantante o un buen bailarín, no tienes que ir más al profesor. Es lo mismo en la vida espiritual. Necesitas ayuda al principio, pero cuando estés sumamente avanzado, no necesitarás la ayuda de nadie.

Si alguien llega a ser verdadero discípulo de un Maestro, no siente que él y su Guru son dos personas totalmente distintas. No siente que el Guru está en la copa del árbol y él está a los pies. ¡No! Siente que el Guru es su parte más elevada. Siente que él y el Guru son uno, que el Guru es su parte más elevada y más desarrollada. Por tanto, un verdadero discípulo entrega la parte más baja de su ser a la parte más elevada sin dificultad alguna. No está más allá de su dignidad ser un discípulo devoto, porque sabe que tanto lo más elevado como lo más bajo son partes de su propio ser.

🌸 *Aquel que te inspira es tu verdadero maestro.*
Aquel que te ama es tu verdadero maestro. Aquel
que te fuerza es tu verdadero maestro. Aquel que te
perfecciona es tu verdadero maestro. Aquel que te
aprecia mucho es tu verdadero maestro.

Preguntas y respuestas

P. ¿Tiene cada persona un camino específico o son todos los caminos relativamente similares?

R. No todos los caminos son iguales, aunque la meta última es la misma. Hay distintos caminos, pero cada uno va hacia la misma meta. Cada individuo necesita la guía de un Maestro y cada individuo tiene que descubrir su propio camino. Entonces debe seguir sólo un camino y un Maestro que es el líder o guía de ese camino. Cada individuo debería tener un camino propio. Eso no significa que no habrá otros aspirantes en ese camino. Habrá otros que querrán seguir el mismo camino, pero cada aspirante lo seguirá a su propia manera, de acuerdo a su propia inspiración, aspiración y desarrollo espiritual.

P. ¿Es posible seguir más de un camino a la vez?

R. Si estás practicando la disciplina espiritual bajo la guía de un Maestro, es aconsejable siempre abandonar las conexiones con otros caminos. Si estás satisfecho con un Maestro pero estás buscando todavía otro Maestro, estás cometiendo un serio error. No podrás recibir lo que tu Maestro te quiere dar y tu progreso espiritual será muy lento. La espiritualidad no es como una escuela donde tienes un maestro para cada asignatura: historia, geografía, etcétera. La realización de Dios es una asignatura y para esta asignatura sólo hace falta un Maestro. Así que, para progresar más rápido, es siempre aconsejable encontrar un Maestro en quien puedas tener la máxima fe y entonces permanecer solamente en su barco. De otro modo, si tienes un pie en su barco y el otro pie en otro barco, acabarás por caer al agua.

P. ¿Cómo sabe uno si está listo o no para un camino espiritual?

R. Cuando estás hambriento sabes que tienes que comer. Tu hambre te empuja a comer algo. En la vida interna también, cuando tienes hambre de paz, luz y deleite, en ese momento estás preparado. Cuando tienes un llanto interno, entonces estás preparado para un camino espiritual. Cuando sientes la necesidad, estás preparado. Si no tienes la necesidad, no lo estás.

A veces sucede que el aspirante está preparado y el Maestro está disponible, pero el apego a la vida ordinaria impide que el aspirante busque con suficiente sinceridad. El otro día alguien me dijo que había estado buscando un Maestro durante diecinueve o veinte años. Me quedé muy sorprendido, porque sabía positivamente que su Maestro estaba vivo. Si ella verdadera y sinceramente hubiera buscado e implorado por su Maestro, lo habría encontrado. Si el aspirante anhela sinceramente encontrar un camino, ese camino aparecerá ante él. Si anhela realmente un Maestro espiritual, entonces el Maestro vendrá a él o él podrá ir al Maestro. No hay esfuerzo sincero en vano. Si alguien hace un esfuerzo sincero, tanto su vida interna como su vida externa serán coronadas por el éxito.

Capítulo 18

MEDITANDO COMO DISCÍPULO
DE SRI CHINMOY

🪷 *¿Qué le da valor a la vida sino su llanto constante por la autotrascendencia?*

Tu guía personal

Cada Maestro tiene su propia manera de enseñar a sus discípulos a meditar. Yo le pido a mis discípulos que comiencen la meditación repitiendo la palabra «Supremo» varias veces. El Supremo es nuestro Guru eterno. Si cantas AUM con toda tu alma, esto también te ayudará. En la vida espiritual, la gratitud es de suma importancia. Por la mañana temprano, cuando comiences tu meditación, inhala profundamente tres veces y, mientras inhalas, ofrece la gratitud de tu alma al Supremo por haberte despertado y haberte dado el impulso interno para meditar. De billones de personas en la Tierra, Él te ha escogido para entrar en la vida espiritual y, naturalmente, le estás agradecido.

Puedes decir que no sabes meditar, pero cuando te

haces discípulo mío, una vez que entras en mi barco espiritual, es el problema del barquero llevarte a la Orilla Dorada. Ocasionalmente doy instrucciones externamente a los discípulos que las necesitan. Pero a la mayoría no les doy una meditación individual. En cambio, cuando acepto a un discípulo, me concentro en su alma y doy al alma una forma interna de meditación. Hago aflorar el alma, y ésta medita en y a través del aspirante. El alma también convence al corazón y a la mente de hacer lo correcto, de manera que finalmente todo el ser —cuerpo, vital, mente, corazón y alma— podrá meditar apropiadamente. Cuando me concentro en el alma del discípulo, éste seguramente recibirá mi instrucción interna. Pero si el discípulo puede crear conscientemente una vibración pura y mantener una actitud sincera, entonces es más fácil para su alma manifestarse externamente y recibir todo de mí.

La Meditación individualizada

En la vida ordinaria, si diez estudiantes asisten a la mis-ma clase en la escuela, el maestro les da a todos la misma lección. Pero en el caso de un Maestro espiritual es diferente. Cuando él medita en sus discípulos, la conciencia que le da a cada uno no será la misma.

Cuando medito en mis discípulos, motivo e inspiro a cada individuo de acuerdo a su aceptación de mí y de acuerdo a su capacidad de recibir y manifestar la luz que le estoy ofreciendo. Gracias a la generosidad infinita de Dios, tengo la capacidad de entrar en la conciencia y el alma de cada persona, para ver qué es lo que cada individuo en particular necesita más, y cómo quiere manifestar la divinidad que lleva dentro. El alma de un individuo querrá realizar y manifestar la verdad a través del poder divino mientras que otra querrá realizar a Dios a través del amor, la devoción y la entrega. Así que primero veo lo que el alma quiere y entonces le puedo decir internamente a la persona: «Sigue este método». Puede que no lo diga externamente, pero internamente le digo: «Ésta es la manera en la que debes realizar y manifestar la verdad». Entonces el alma puede tomarse un día, una semana o varios meses para convencer al resto del ser de cómo meditar. Puede ser que la mente no entienda, pero para la meditación la mente no es necesaria en absoluto.

De vez en cuando puede ser que le diga externamente a un individuo cómo meditar. Pero esta meditación es dada en la más estricta confidencia, y es solamente para ese individuo en particular. Si lo dice a otros y éstos tratan de usar el mismo método, será un grave error.

Cada persona debe seguir su propio camino al meditar, porque cada cual tiene un papel particular, una misión especial que cumplir en la Tierra. En el drama divino de Dios, a cada uno le ha sido asignado un papel en particular y para desempeñarlo uno tiene que meditar de acuerdo a su propia necesidad interna.

El Guru acepta

Estoy preparado para aceptar de vosotros, mis discípulos, todo lo que tenéis y todo lo que sois. Si solamente queréis darme las cosas buenas, no está bien. Debéis darme tanto lo bueno como lo malo. Si tenéis miedo, duda o cualquier pensamiento negativo, mirad mi foto y arrojad toda oscuridad e impureza dentro de mí. No os preocupéis por mí. Yo echaré estas fuerzas negativas en la Conciencia Universal. Pero si os aferráis a estas cosas, solamente sufriréis. Hoy tendréis un pensamiento negativo, mañana tendréis cien pensamientos negativos y nunca acabará. Cuando estos pensamientos negativos entran en vuestras mentes, debéis saber que de hecho os están debilitando. Es como si una carga muy pesada hubiera sido puesta sobre vuestros hombros; así que naturalmente os sentís cansados y exhaustos.

¿Cómo arrojas los pensamientos negativos en mí? Digamos que tienes celos de alguien. Cuando tienes celos de alguien, estás comunicándote internamente con esa persona y ofreciéndole tus pensamientos. En tu mente estás formulando pensamientos o ideas y entonces los estás dirigiendo hacia esa persona. De la misma manera, puedes dirigir esos pensamientos hacia mí en su lugar. En el momento en que me hablas internamente, debes saber que me estás ofreciendo tus pensamientos. Cuando hagas tu meditación matinal, si tu sueño no ha sido perturbado y no has acumulado ninguna basura mental durante la noche, quizá no tengas nada negativo que darme. En ese momento puedes comunicarte conmigo con alegría, amor, paz y todas las cualidades divinas. Al hacer esto, es como un niño cuando se relaciona con su padre. Un niño acude a su padre con tanta alegría para darle un centavo que ha encontrado en la calle... Pudo haberlo utilizado para comprar algún dulce, en cambio sintió la necesidad de dárselo a su padre. Y el padre está tan complacido de que su hijo le haya ofrecido toda su pertenencia, que le da un dólar.

Para mis discípulos, yo soy su padre espiritual. Si tú me das algo bueno o positivo —un poco de amor, un poco de alegría, un poco de gratitud—, inmediatamente yo te daré amor, alegría y gratitud sin límites. Te daré muchísimo más de lo que tú me has ofrecido. Y si es algo negativo lo que me estás dando, entrará en mi océano interno y yo me encargaré de ello.

El amor, la devoción y la entrega son las piedras angulares de mi filosofía, porque juntas constituyen el verdadero sendero soleado, el cual puede llevar al aspirante con rapidez y seguridad hacia la meta. Si ofreces el amor, la devoción y la entrega de tu corazón, entonces sentirás mi presencia en tu corazón. Cuando alguien se convierte en mi discípulo, tiene que sentir mi presencia en su corazón y también su presencia en mi corazón. Cuando un discípulo medita en mi fotografía, ésta le ayuda inmediatamente a concentrarse en el corazón. Y si se concentra en su corazón, descubrirá que es muy fácil entrar en su conciencia más elevada.

La meditación no significa solamente sentarte frente a tu altar. Si lees mis escritos con toda tu alma, inmediatamente entras en mi conciencia espiritual y ésta es la forma más elevada de meditación para aquellos que se consideran mis discípulos. El servicio dedicado es otra forma de meditación. Si haces algún servicio desinteresado y piensas en mí al hacerlo, mi conciencia entra en ti y eleva tu conciencia. Ésta es una de las mejores formas de meditación.

Si quieres seguir el camino de otro maestro, él te dará instrucciones diferentes. Pero esto es lo que yo le digo a mis discípulos: Soy un maestro espiritual, pero no soy el único en la Tierra; hay algunos más. Si quieres seguir mi camino, yo podré ofrecer luz a tu alma. Si estudias mis escritos, si vienes a nuestras meditaciones colectivas frecuentemente, entonces podré ayudarte en tu viaje interno. Pero si sigues el camino de otra persona, naturalmente, ese maestro te enseñará su manera específica de meditar.

Preguntas y respuestas

P. Mi amigo no es discípulo suyo, pero ha comenzado a meditar con su fotografía y ahora siente miedo.

R. Muchas veces la gente dice que les asusta mi fotografía.

Pero en realidad no le tienen miedo a mi foto. Es sólo cuestión de si están dispuestos o no a dejar ciertas cosas. Internamente no están dispuestos a abandonar sus viejas costumbres y su vieja vida. Miran mi fotografía y sienten un mar de incertidumbre, porque no están seguros de querer verdaderamente la vida espiritual y tienen miedo de lo que pueda suceder si abandonan sus viejos hábitos. La experiencia de tu amigo puede ser interpretada de esta manera.

Si uno puede olvidar el pasado y está dispuesto a entrar en lo nuevo, lo siempre nuevo, conscientemente y de todo corazón, entonces verá que lo nuevo también tiene su propia realidad, una realidad más colmadora que el pasado. En ese momento no hay miedo. El miedo viene solamente cuando uno no está dispuesto a abandonar su vieja vida o no está seguro en aceptar un nuevo estilo de vida. Pero, por lo general, la gente no es consciente del hecho de que no quieren abandonar su vieja vida. Debido a que parte de ellos quiere sinceramente ser espiritual, se sienten avergonzados de estar apreciando todavía las cosas mundanas. No quieren admitirlo, ni siquiera ante sí mismos.

🪷 *Aquello que te ata, olvídalo. Aquello que te ciega, olvídalo. Aquello que te limita, olvídalo. Aquello que te despierta, apréndelo. Aquello que te libera, apréndelo. Aquello que te colma, apréndelo.*

P. Cuando usted me mira directamente durante la meditación o cuando nos pide que meditemos frente a usted, a veces me siento un poco nervioso o asustado. No estoy seguro de qué es lo que está usted haciendo. ¿Podría explicarlo?

R. Cuando te miro durante la meditación o cuando te pido que te sientes frente a mí a meditar, en ese momento estoy entrando en ti para observar qué quieren tu ser externo y tu ser interno. Entro en el físico, el vital, la mente, el corazón y el alma. Si veo que una persona en particular está implorando paz, entonces traigo inmediatamente paz de lo alto. Si veo que otra persona quiere luz, traigo luz. De acuerdo a la aspiración, la necesidad y la receptividad individual de cada aspirante, traigo distintas cualidades de lo alto.

A veces veo que un aspirante no desea nada; no hay aspiración en ese momento. No es que el aspirante lo tenga todo; es simplemente que en ese momento no tiene la inspiración y la aspiración para atraer algo de arriba o para recibir algo de mí. En estos buscadores, simplemente trato de encender su llama de aspiración.

A veces es posible que medites mejor cuando estoy mirando a otra persona que cuando te estoy mirando a ti. Mientras estoy mirando a otra persona, si estás en una conciencia elevada y me miras, en ese momento puedes atraer mi luz como un imán. Aunque yo esté mirando a otra persona, es posible que mi luz esté yendo más hacia ti que hacia él.

A veces, cuando estoy bendiciendo a alguien y estoy trayendo la Compasión Infinita del Supremo, esa persona no tiene receptividad alguna. Pero alguien que está sentado en otro lugar, cuyo ser interno está totalmente despierto y está meditando devotamente en el Supremo, está recibiéndola muy poderosamente. Está absorbiendo toda la luz que yo quería darle a la otra persona. En ese momento no estoy disgustado en absoluto con la persona que está recibiendo mi luz. Si la persona a quien se la ofrezco no está receptiva, o tiene miedo y algún otro tiene la capacidad de recibirla, debería hacerlo naturalmente. Luego, cuando medito con esa persona individualmente, si tiene capacidad de recibir aún más, le doy más.

Pero a veces sucede que cuando llego a esa persona, tan pronto la miro y medito en ella, se pone nerviosa y no recibe nada.

No pienses que soy una máquina de rayos X que expondrá todas tus imperfecciones al mundo entero. Piensa en mí como un espejo que te permitirá ver lo que estás logrando en tu vida espiritual. Cuando estés frente a mí podrás ver tu propio reflejo interno. Todo aquello que hayas traído contigo será visible para ti. Tanto los pensamientos buenos como los malos serán reflejados inmediatamente. Pero si sientes miedo y tratas de esconderte o de hacerme sentir que eres otra cosa, entonces estás cometiendo un grave error. Yo sé lo que eres realmente; yo sé la calificación que vas a obtener. Al tratar de impresionarme con tu aspiración, solamente estarás perdiendo lo que posees de sinceridad. Aun si vienes con un sólo centavo de aspiración, dámelo con suma sinceridad. Si vienes con malos pensamientos, siente que éstos son tus enemigos y separa tu existencia de ellos. O bien los rechazas y dices: «No son míos», o dices: «Sí, son míos, pero te los doy a ti. Éstas son mis posesiones y te las doy». Entonces yo puedo coger estas fuerzas de ti. Pero si tienes miedo de ser expuesto o de recibir lo que te estoy ofreciendo, entonces no recibirás nada en absoluto.

Yo no he venido al mundo para exponerte o juzgarte. He venido solamente para amarte y perfeccionarte. Cuando te miro y me concentro en ti durante la meditación, no te preocupes por lo que pudiera pensar. No estoy pensando nada de ti. Solamente te ofrezco mi amor, mi luz y mi afecto espiritual. Cuando un niño ve a su madre viniendo hacia él, aunque esté cubierto de barro y suciedad, no tendrá miedo. Sabe que su madre no le pegará ni le insultará; solamente lo limpiará de nuevo. En el momento en que pienses que has hecho algo malo —ya sea en tu mente o en tus acciones— siente que mi interés por perfeccionarte es infinitamente mayor que tu propio interés por perfeccionarte a ti mismo. El miedo viene porque sientes que serás expuesto por mi luz. Pero si puedes sentir que mi luz sólo te iluminará y te perfeccionará, entonces no habrá miedo, no importa cuán cerca esté o cuán penetrante sea la luz.

Otra razón por la cual te pones nervioso cuando meditas frente a mí es porque entras en el nerviosismo y la incertidumbre de otros que están a tu alrededor. Es como si todos vosotros fuerais estudiantes en frente de un examinador. En vez de prestar atención a vuestra propia sabiduría interna, miráis alrededor a ver qué página del libro están estudiando los demás. Piensas que la pregunta vendrá de la página que el otro está estudiando y querrás leer esa página en particular. Entonces comienzas a ponerte nervioso, no porque estés intentando leer lo mismo que él esté leyendo, sino porque la otra persona también está nerviosa. Está leyendo un pasaje, pero también siente que quizá no es el correcto. Cuando tú comienzas a leer su misma página, entras en su conciencia y asumes su incertidumbre y su miedo.

P. ¿Recomienda usted meditar con las manos plegadas juntas como al rezar?

R. Sí, lo recomiendo. Juntar las manos en actitud de oración, con suma devoción, sin duda te ayudará a meditar mejor. Si quieres aumentar tu devoción, siempre debes hacer algo en el plano físico para convencer a tu mente física. Cuando rezas y meditas con las manos unidas, la devoción entra en tu mente dudosa, reacia y terca, y en todo tu ser físico. Todo en ti se vuelve más concentrado.

Pero si te cansas físicamente o tienes dolor, no te dará ninguna satisfacción. Puedes rezar y meditar y lograr un estado muy elevado de conciencia sin tener las manos plegadas. Pero si juntas tus manos devotamente, esto sin duda ayudará a tu aspiración. Algunas personas sienten que el noventa y nueve por ciento lo reciben de su aspiración interna, pero necesitan un uno por ciento más para lograr su meta destinada. Saben que juntar las manos puede darles ese último empuje. Si pueden hacer algo para obtener eso que les falta, lo harán. Otros sienten que no necesitan juntar las manos. Sienten que aumentando su aspiración recibirán automáticamente ese uno por ciento. También es correcto.

No juntes las manos simplemente porque tal o cual persona lo hace o porque te preocupa lo que piensen de ti. Ésa no es razón para hacerlo. Debes juntar las manos sólo si sientes que esto aumenta tu aspiración y tu receptividad. Pero si lo haces sin ninguna necesidad interna, solamente para impresionar a otros, estás cometiendo un error deplorable. Después de algunos días o algunos meses, tu propia sinceridad saldrá y te forzará a parar. Por otra parte, aunque alguna vez juntaras las manos para engañar a otros y ahora te has dado cuenta de tu tontería, no significa necesariamente que no debas juntar las manos nunca más. Es como la curiosidad. Algunas personas entran a la vida espiritual por curiosidad. No tienen inspiración o aspiración sinceras, pero debido a la curiosidad vienen a nuestras reuniones y participan en nuestras actividades. Finalmente, se dan cuenta de que su curiosidad no les va a llevar a ninguna parte. En ese momento cesan su vida de curiosidad y comienzan a aspirar sinceramente. De manera que no hay una regla fija para esto.

P. ¿Por qué a veces pide a las personas que le miren al meditar?

R. Tú estás mirando a tus manos, pero tus manos no te darán la realización. Yo soy un Maestro. La conciencia de la realización de Dios está escrita en mi cara y en mis ojos y no en la punta de tus dedos. Recibirás más inspiración al mirarme a mí que al mirar a otro lugar.

Si puedes hacer un contacto consciente con mi alma, puedes estar seguro de que mi existencia en la Tierra actuará como un esclavo tuyo. Cuando alguien hace un contacto verdadero con mi alma y quiere mi ayuda sinceramente, yo estoy a su servicio para siempre. Pero este contacto debe ser transformado en identificación y la identificación debe convertirse en unidad. Si un aspirante puede establecer unidad entre su alma y la mía, entonces yo seré responsable siempre de ese ser humano. Ésta es la promesa de mi alma.

🌸 *Si quieres un guía, mira hacia arriba con un corazón puro. Si quieres un guía, mira hacia dentro con una mente libre de dudas.*

P. En ocasiones, cuando medito contigo, me gusta tener los ojos cerrados. ¿Es esto siempre incorrecto?

R. Cuando medito frente a mis discípulos, siempre les pido que mantengan los ojos entreabiertos, porque una de las maneras para recibir de mí es a través de los ojos. A veces estoy trayendo paz, luz y deleite infinitos y los distribuyo a través de mis ojos. Si los discípulos pueden ver con sus propios ojos estas cualidades en mi rostro y en mis ojos, su mente física estará convencida y ellos serán más receptivos. Lo que traigo de lo alto no sólo puedes verlo en mis ojos, sino en toda mi cara. Es como un resplandor que irradia alrededor de mi cuerpo. Si tus ojos están abiertos, seguro que verás algo.

P. Cuando un Maestro trae más luz o paz de la que pueden asimilar quienes están meditando con él, ¿qué sucede con estas cualidades? ¿Se pierden por completo?

R. No se pierde totalmente. Entra en la atmósfera de la tierra y se convierte en propiedad de la tierra. Cuando los Maestros espirituales traen cualidades divinas del más allá, la Madre Tierra las asimila como suyas. Entonces, cuando alguien esté aspirando, recibirá esta paz y esta luz por parte de la conciencia terrestre, pero no sabrá de dónde viene.

P. Desde que comencé a meditar con usted, he sentido que mi conciencia está en un lugar diferente y simplemente quisiera saber si puede usted comentar algo al respecto.

R. Desde que comenzaste a venir aquí a meditar con nosotros, tu conciencia ha comenzado a funcionar más desde el corazón que desde tu mente. Antes, tu conciencia estaba en la mente. Cuando permaneces en la mente, la vida parece un pedazo de madera seca. Pero cuando estás en el corazón, la vida se transforma en un océano de amor y deleite puros. Si puedes permanecer ahí, gradualmente comenzarás a experimentar un sentimiento espontáneo de amor y unidad con Dios y Su creación.

❀ *La plenitud de la vida está en soñar y manifestar los sueños imposibles.*

Capítulo 19

ENTENDIENDO TUS EXPERIENCIAS INTERNAS

🪷 *Cada experiencia es un bello incidente dentro de mi corazón. Cada experiencia es una poderosa realidad dentro de mi alma.*

Los frutos en el camino de la Meditación

Hay muchos caminos que llegan a la meta. Un camino puede tener a cada lado muchas flores hermosas, otro camino tendrá sólo unas pocas y un tercer camino quizá no tenga flores en absoluto. Si tres aspirantes siguen tres caminos distintos de acuerdo a las necesidades y a las preferencias de su alma, cada uno de ellos llegará finalmente a la meta, habiendo tenido experiencias muy diferentes en su viaje.

Cada experiencia es un paso hacia la realización. Cada experiencia te da más confianza. Cada experiencia te alienta, te da energía para marchar adelante y un deleite enorme. Mientras tienes la experiencia, quizá sientas la presencia de un guía invisible dentro de ti, empujándote hacia la meta.

Antes de obtener el fruto que llamas la meta, es posible

que quieras probar muchas frutas diferentes. Pero solamente al comer la fruta que es tu meta obtendrás satisfacción. Algunos aspirantes sienten que no quieren más que la fruta de la realización de Dios, así que las experiencias espirituales, como tales, no son necesarias para ellos. Si tienes la capacidad de correr muy rápido, no necesitas tener miles de experiencias antes de realizar a Dios. La expansión de tu conciencia, mientras creces hacia Dios, es de por sí una experiencia sólida.

Cuando tengas una experiencia interna, tal vez no seas capaz de decir si es genuina o no. Pero este problema surgirá solamente si no tienes un Maestro. Si tienes un Maestro, él te podrá decir inmediatamente si estás teniendo una experiencia interna fructífera o si te estás engañando a ti mismo. Un Maestro espiritual puede decirlo fácilmente sin la más mínima duda o vacilación.

Aun si no tienes un Maestro, puedes resolver este problema. Simplemente, concéntrate en tu corazón espiritual. Si la experiencia que estás teniendo es genuina, sentirás un sutil hormigueo en tu corazón, como si una hormiga estuviera caminando ahí.

Hay otras maneras de saber si la experiencia es genuina. Intenta respirar tan lenta y tranquilamente como te sea posible, y siente que estás trayendo pureza a tu sistema. Siente que la pureza está entrando en ti como un hilo, y dando vueltas alrededor del chakra de tu ombligo. Si te concentras en la experiencia y sientes que tu corazón espiritual no está dispuesto a entrar en el chakra del ombligo, sabrás que la experiencia es una mera alucinación. Pero si el corazón entra alegremente en el ombligo, puedes estar seguro de que tu experiencia es absolutamente verdadera y genuina.

Por otra parte, cuando tengas una experiencia, trata de sentir durante un par de minutos si puedes crecer en ella o no. Si puedes sentir que tarde o temprano llegarás a ser esa experiencia, entonces la experiencia es genuina. Pero si sientes que la realidad es otra cosa y que nunca podrás convertirte en esa experiencia, entonces no es genuina.

Cuando tengas una experiencia, trata de separar tu vida interna de tu vida externa. La vida externa es la vida de la necesidad humana y de los requerimientos terrenales. La vida interna es también una vida de necesidad, pero es la necesidad de Dios, no tu propia necesidad —los requerimientos de Dios, no tus requerimientos—. Trata de sentir si es la necesidad de Dios la que está operando en y a través de tu experiencia, y si Dios necesita y quiere colmarse a sí mismo en ti y a través de ti. Si tienes ese tipo de sentimiento o realización, entonces tu experiencia es genuina. La verdadera experiencia viene solamente cuando quieres y necesitas sinceramente la vida interna y cuando Dios necesita y quiere la vida interna en ti y a través de ti. Si has llegado a ese entendimiento, todas tus experiencias serán verdaderas; tienen que ser verdaderas.

Preguntas y respuestas

P. ¿Recordamos conscientemente todas nuestras experiencias internas?

R. En el caso de un aspirante ordinario, cuando tiene una experiencia interna, puede ser que no la retenga conscientemente, aunque la esencia permanece en su vida interna. Aun si es una experiencia elevada, quizá después de cuatro años o más la olvida totalmente, porque la ignorancia en su vida se traga la experiencia. Él dirá: «¿Cómo pude tener una experiencia así? Si tuve esa experiencia, ¿cómo es que después cometí tantos errores? ¿Cómo es que no recé y medité? Eso quiere decir que no fue una experiencia tan significativa». De este modo la duda devora su experiencia y finalmente él la olvida. Pero en el caso de una persona realizada, ésta sabe que lo que vio o sintió fue absolutamente cierto. Debido a su visión interna puede recordar también las experiencias internas que tuvo en otras encarnaciones. Pero un aspirante ordinario, aunque sólo haya tenido dos experiencias importantes en su vida, puede que no las recuerde en absoluto.

P. ¿Cómo sabemos en qué plano de conciencia estamos durante la meditación?

R. Un aspirante puede ser consciente de los planos de conciencia solamente cuando está al borde de la realización. Un aspirante normal y corriente no podrá saberlo y tampoco es necesario que lo sepa.

Hay siete mundos superiores y siete mundos inferiores. Un Maestro espiritual puede estar en estos catorce mundos a la vez y ver lo que está ocurriendo en todos ellos. Un aspirante puede estar también en más de un mundo a la vez, pero no podrá saber de cuáles se trata. Sólo aquel que está muy avanzado en la vida espiritual, aquel que está a punto de subir al peldaño más alto de la escalera espiritual, podrá ver en qué plano de conciencia está durante su meditación. Para las almas realizadas esto es muy fácil.

Tu Maestro espiritual puede decirte de qué plano ha venido la experiencia en particular que hayas tenido. Si te dice que una experiencia en concreto viene del mundo vital o del mundo mental, en el futuro, cuando tengas una experiencia similar, podrás saber de qué plano viene.

P. ¿Es posible recibir algo en la meditación y no estar consciente de la experiencia?

R. A veces, cuando recibimos paz o luz en un nivel superior de conciencia, la mente física no está convencida de haber recibido algo. Pero no es necesario para la conciencia física estar consciente de lo que se ha recibido. La luz puede entrar en una parte más elevada del ser emocional y comenzar a funcionar ahí durante varios minutos o varios días o incluso más tiempo. Entonces creará un terreno nuevo y finalmente cosechará muchas experiencias internas. Pero puede llevar mucho tiempo para que estas experiencias entren en la densa conciencia física.

Si una experiencia sucede en la conciencia física, podemos verla y sentirla con nuestros sentidos. En ese momento podemos, naturalmente, confiar en nuestra percepción. Pero si la experiencia es algo muy sutil y está sucediendo en un plano superior de conciencia, puede ser que no tengamos conocimiento de ella. Lo que estamos intentando hacer es que la mente física sepa conscientemente lo que sucede en otras partes del ser. Si lo físico y lo espiritual en nosotros están conscientes simultáneamente de lo que estamos haciendo, entonces, no importa en qué plano de conciencia tengamos la experiencia, la sentiremos en nuestra conciencia física. Tendremos acceso a todos los planos de conciencia y lo físico no podrá dudar la realidad de estas experiencias sutiles. De otro modo, puede suceder que cuando el Altísimo toque a la puerta de lo físico, lo físico se niegue a abrirla.

P. A veces, cuando medito, siento que voy a tener una experiencia, pero no sucede nada. ¿Cuál es la causa de esto?

R. Esto sucede porque no has logrado llegar a la altura necesaria. Estás muy cerca, pero no la alcanzas. Es como encender una estufa. Cuando abres el gas, tienes que girar el regulador hasta cierto punto antes de que se active la llama. Tú casi llegas a ese punto, pero te detienes demasiado pronto. Si hubieras girado el regulador tan sólo una fracción de centímetro más, lo habrías logrado.

Lo mismo ocurre con la meditación. Si hubieras ido un poco más alto o un poco más profundo, habrías tenido tu experiencia. Pero tu atención se distrajo o algo te retuvo y, en vez de seguir hacia delante, retrocediste. No pudiste mantener la aspiración, y tu conciencia descendió. Es como si hubieras estado trepando a la rama más alta de un árbol, pero de repente alguien te llamó desde abajo, te olvidaste de la fruta deliciosa en la copa del árbol y bajaste. Si puedes mantener tu altura sin responder a ninguna llamada desde abajo, podrás llegar a la altura máxima y podrás tener tu experiencia.

Mientras estás rezando y meditando, imagina que vas corriendo en bicicleta. Cuando montas una bicicleta, las ruedas tienen que girar todo el tiempo. No puedes mantener un equilibrio estático en ningún momento. Cuando meditas, tienes que aspirar todo el tiempo; de otro modo, caerás. En la vida espiritual el movimiento tiene que ser constante. O te mueves hacia delante o te mueves hacia atrás. Si tratas de permanecer inmóvil, la ignorancia del mundo tirará de ti de vuelta a tu punto de partida.

En tu vida de aspiración lo que necesitas no es el éxito, sino el progreso. El progreso mismo es la forma activa del éxito. Si cuando comienzas a meditar temprano en la mañana, piensas: «Hoy tengo que lograr la experiencia más elevada o me sentiré desgraciado», puede ser que Dios te dé la experiencia, lo cual considerarás un éxito. Pero Dios no te utilizará como Su instrumento, porque tú estás tratando de obtener algo de Él. Estás exigiendo que Él te dé una experiencia, mientras deberías estar pidiendo tan sólo la oportunidad y el privilegio de ser Su instrumento, para servirle a Su propia manera.

Si clamas sólo por llegar a complacer a Dios a Su propia manera, si clamas sólo por el progreso, estás destinado a obtener todas las experiencias que Dios tiene guardadas para ti, en el momento en que Dios quiera. Ahora mismo intentas subir a una gran altura para tener una experiencia. Es extremadamente difícil para ti subir a esa altura en este momento de tu desarrollo espiritual. Pero es muy fácil para Dios bajar la fruta y dártela. Él es un excelente escalador; puede subir y bajar. Así, si complaces a Dios, aunque permanezcas al pie del árbol, Dios subirá en tu lugar y bajará la experiencia para ti, si es Su Voluntad que la tengas.

P. Muchas veces tengo la sensación de ver luz, pero mi mente lo pone fuertemente en duda. Me pregunto si la luz que veo es real o imaginaria.

R. Si es luz real, si es luz pura y divina, puedes estar seguro de que tu mente no puede dudar de lo que estás viendo. La mente no tiene la capacidad de dudar de la luz divina mientras la estás viendo. El brillo de la luz es tal que no permitirá que entre ninguna sospecha o duda mental. Cuando la verdadera luz divina aparece, la mente desaparece y deja de funcionar. El ser entero se vuelve todo alma.

Después, la mente tiene la capacidad de poner en duda la experiencia. Cuando estás viendo la luz, la mente es divi-na. Luego, cuando tu conciencia desciende y no estás ya consciente físicamente de la luz, la mente puede reunir fuerzas y tratar de arrojar sospechas en tu experiencia. Entonces puede ser que dudes de la luz que viste. Si ahora mismo Dios aparece frente a ti, no vas a dudar de Él. Pero en el momento en que Dios desaparezca de tu visión externa, quizá dudes de Él.

Debido a la unidad que tienes con tu cuerpo, no dudas de tus ojos o de tu nariz. Sabes que son parte integral de tu

223

cuerpo y que tu cuerpo es parte integral de tu vida. Igualmente, la luz divina es parte integral de tu existencia real. ¿Cómo puedes negar o dudar de tu propia existencia? Pero cuando la experiencia ha pasado y no sientes la luz como algo tuyo, en ese momento la duda puede entrar en ti.

P. Una vez tuve una experiencia en la que sentí la pureza de Dios y el poder y la Eternidad de Dios, pero luego ese sentimiento se desvaneció.

R. Eso fue un obsequio de pura Gracia. El Supremo, por Su generosidad infinita, te ofreció incondicionalmente Su Gracia. Estas cosas no son alucinaciones mentales. Los Maestros espirituales tienen libre acceso a estas experiencias, pero los aspirantes las pueden tener también si oran y meditan sinceramente. Tuviste esta experiencia debido a la Gracia de Dios, pero la impureza no te permitió mantenerla. Cualquier riqueza espiritual que tengas, no importa de qué tipo sea, será destruida por la impureza. Muchas personas tienen buenas experiencias en ciertos días, pero al día siguiente se entregan a la vida vital inferior. Entonces todas sus experiencias elevadas son destruidas. Pero si nos abstenemos de disfrutar de la vida vital y emocional, nuestras experiencias superiores crecerán. Crecerán y se harán sólidas, como un árbol gigantesco. De modo que debes tener sumo cuidado de no entregarte a la vida vital si quieres retener el poder de tus experiencias más elevadas.

P. En una meditación tuve la experiencia de ser totalmente libre. Pero entonces tuve que volver a mi vida normal y me sentí muy cansado y agotado.

R. Cuando tengas una experiencia elevada, ésta te nutrirá y te fortalecerá. Si estás cansado, si tu energía está agotada,

224

significa que has intentado asimilar más allá de tu capacidad. De otro modo, al terminar la meditación tendrás la fuerza de un león.

P. Cuando estoy meditando bien y comienzo a profundizar en mí, después de unos minutos me siento soñoliento y mi cuerpo entero se vuelve casi insensible.

R. Estás teniendo la experiencia del silencio. Durante la meditación tu mente se ha entregado a tu corazón y el corazón y la mente se han entregado al alma. En ese momento obtienes un sentimiento de silencio estático. Mentalmente sientes que no estás en este mundo y que tienes que volver y ser muy dinámico. ¡Pero no! En ese momento el alma está funcionando muy poderosamente y no tienes que crear ningún movimiento.

Este mundo del silencio no es como el sueño ordinario, donde uno está totalmente inconsciente. Al contrario, es un estado muy bueno de conciencia. En el silencio mismo hay una creatividad espontánea, un movimiento espontáneo y una vida espontánea —la vida del despertar espiritual y la revelación espiritual—. Trata de permanecer ahí y crecer en ese estado de conciencia con suma sinceridad, humildad y devoción. Puedes permanecer ahí varios días o incluso un mes sin ningún temor. Entonces verás que el silencio estático se convertirá en un silencio dinámico.

Si te sientes soñoliento cuando estás preparándote para meditar, significa que hay inercia y letargo. Pero si este sentimiento viene durante una buena meditación, no es sueño en absoluto. Estás entrando en el mundo del silencio y confundiéndolo con el sueño.

P. Cuando comencé a meditar por primera vez, tenía la sensación de que la pureza y la divinidad estaban fluyendo a través de cada célula de mi cuerpo. Pero ahora, cuando medito, no siento esto, aunque pienso que he mejorado mi capacidad de meditación. ¿Por qué sucede esto?

R. Cuando comienzas a correr lo más rápido que puedes, estás muy alerta. Luego, después de treinta metros, tus extremidades adquieren más coordinación. Te sientes totalmente relajado y tal vez ni siquiera sientas que estás corriendo. No empleas más esfuerzo, pero tu velocidad se mantiene. Al principio la mente tiene que convencer al cuerpo para que se mueva. Pero una vez que coges tu ritmo natural, la mente no tiene que convencer al cuerpo para que corra rápido. Puedes correr al máximo automáticamente.

P. En distintas ocasiones he visto luz roja, azul y blanca durante la meditación. ¿Podría usted explicar el significado de estos colores?

R. El rojo es el aspecto dinámico de Dios; representa el poder divino que sientes dentro de ti. Cuando el poder de la divinidad entra en ti, te llena de energía. El color blanco es el color de la pureza. Representa la conciencia de la Madre Divina. Cuando ves el color blanco a tu alrededor, sientes que toda tu existencia física está inundada de pureza, desde la planta de tus pies hasta la coronilla de tu cabeza. Cuando ves un color azul claro, significa que la Infinitud está entrando en tu conciencia aspirante. Tú no puedes entender la Infinitud con la mente. La mente imagina una gran distancia, la expande un poco más y luego se detiene. Pero lo Infinito se sigue expandiendo siempre. Cuando veas el color azul, trata de sentir que tu conciencia está expandiéndose hacia lo Infinito y que la Infinitud está entrando en tu conciencia aspirante.

※ Cada oración es divinamente importante. Cada meditación es supremamente significativa. Cada experiencia es conmovedoramente fructífera.

P. Yo veía y sentía antes una luz dorada alrededor de mi corazón, pero ahora ya no sucede. ¿Cómo puedo recuperar esta experiencia tan bella?

R. Cuando esta luz dorada, que es la luz de la manifestación divina, toca la tierra, quizá no pueda permanecer por mucho tiempo. Si siente que no puede permanecer en el corazón porque éste no es lo suficientemente puro, se irá. Pero cuando el corazón es puro, esta luz funciona primero en la región del corazón y luego se mueve al plano vital y al físico.

Recuperar la presencia visible de la luz no es necesario. Si quieres seguir un camino espiritual, no es la luz lo que quieres —es el afecto constante de Dios hacia ti, el amor y la bendición verdaderos de Dios—. Cuando tienes el afecto de Dios, éste puede tomar la forma de luz, de paz, de poder o de cualquier cualidad divina.

Cuando un principiante ve luz, siente que está haciendo un progreso extraordinario. Hasta cierto punto, es verdad. Si Dios te muestra luz, esto naturalmente te inspirará a profundizar más en el mar de la espiritualidad. Pero si Dios siente que lo que necesitas es paz y no luz, actuará a través de ti de una manera diferente.

Quieres recuperar la bella presencia de esta luz, pero no lograrás la máxima satisfacción al verla, porque no estarás cumpliendo la verdadera Voluntad de Dios. Tu meta más elevada es complacer la verdadera Voluntad de Dios. Cuando Dios te da una experiencia, debes estarle muy agradecido. Y cuando no te la dé, debes estar agradecido igualmente, porque Él sabe lo que es mejor para ti. Tu deber es meditar con toda tu alma y el deber de Dios es darte luz, poder o paz. Dios te dará lo que tiene y lo que es si tú le das lo que tienes y lo que eres. Lo que tienes es ignorancia y lo que eres es aspiración. Así que te pido que complazcas la verdadera Voluntad de Dios y no te preocupes por las cosas que una vez tuviste y que ahora sientes que echas de menos.

P. ¿Puede usted hablar acerca del aura vista durante la meditación?

R. Cada ser humano tiene un aura. Puede que veas tu aura durante la meditación, durante la concentración o mientras duermes. No hay una conexión directa entre la meditación y el aura, excepto que mientras meditas, puede ser que entres en una conciencia más pacífica, en la cual se hace más fácil ver el aura.

P. Últimamente he sentido con claridad una fuerza que la gente pone a su alrededor para protegerse o cuando no quieren hablar con alguien. Es como un objeto sólido, como una pared. ¿Es esta pared construida consciente o inconscientemente?

R. Normalmente es construida conscientemente. Algunos aspirantes sienten que cuando están alrededor de personas que no aspiran, necesitan protección para mantener su elevada conciencia. Temen que la conciencia de las personas que no aspiran entrará en ellos como una flecha y destruirá su aspiración, de manera que construyen conscientemente una muralla alrededor de sí mismos. A veces hay personas que no aspiran, que tienen una inseguridad tremenda, así que ellos también construyen una pared a su alrededor. Temen que otros se lleven cualquier pequeña riqueza que tengan.

Los Maestros espirituales construyen a veces esta muralla para protegerse de los ataques del mundo a su alrededor. Algunas personas que acuden a la presencia de un Maestro espiritual no quieren aceptar nada. En el momento en que el Maestro quiere darles paz o luz, le atacan internamente. Algunas personas acuden a un Maestro sin saber lo que quieren. Entonces, cuando la paz, la luz o el deleite son ofrecidos, ellos sienten que es algo extraño, algo ajeno, de manera que lo rechazan vehementemente. O acuden al Maestro con demandas y expectativas tremendas, diciendo: «¡Dame, dame, dame!» Pero cuando el Maestro les da lo que necesitan, no están satisfechos, así que le atacan internamente. Por estas razones el Maestro crea una especie de escudo para su propia protección.

Cada individuo tiene un aura especial de la cual no es consciente. Este aura va alrededor de la persona, de la cabeza a los pies y le protege conscientemente. Cuando meditamos podemos ver que hay un aura girando constantemente a nuestro alrededor. Podemos también ver el aura de otros, igual que la gente veía el aura de Buddha o de Cristo, por ejemplo. Estas auras usualmente no se mueven ni giran. Pero el aura que todos tenemos está moviéndose constantemente alrededor de nosotros. El aura es una fuerte protección en el plano físico, vital y mental, pero no protege al ser completo. El aura se vuelve poderosa sólo a través de la oración y la meditación. Cada día, cuando oramos y meditamos, el aura se fortalece y luego se mueve rápido, muy rápido. Cuando este movimiento se vuelve muy rápido, el aura adquiere una fuerza tremenda y en ese momento es capaz de proteger al ser por completo.

P. Cuando medito, siento a menudo una división en mi conciencia. Parte de ella está en una meditación profunda, mientras que otra parte está observando y comentando continuamente acerca de lo que estoy experimentando. ¿Qué significa esto?

R. No debe haber una división en tu conciencia. Cuando estés meditando apropiadamente, tu conciencia será una sola entidad. Si sientes que estás haciendo un comentario continuo, debes saber que tu mente o tu vital o tu cuerpo, no están totalmente integrados en la meditación. Tu alma y tu corazón están meditando muy devotamente, pero puede ser que la mente no esté ahí. En nuestro camino espiritual le damos más importancia al corazón que a la mente. Pero eso no significa que podemos descuidar o ignorar la mente. La mente tiene que ser una con el corazón para que el alma pueda contenerlos a ambos. Cuando estás meditando, a veces la mente no quiere sentarse junto al corazón o unirse a él. Por esta razón te das cuenta de esa división en tu conciencia. Viene de la mente. En tu caso, muy raramente viene del vital.

Uno de los Upanishads menciona que hay tres tipos de meditación: la meditación común, la meditación sutil y la meditación trascendental. Tu experiencia en particular tiene lugar en la primera etapa. A pesar de tener una meditación muy elevada, sientes que no toda tu existencia está ahí. Aunque estás teniendo una meditación muy elevada en tu conciencia psíquica, no será totalmente fructífera, porque no todos los miembros de tu familia interna están participando.

En la segunda etapa de la meditación verás que estás totalmente consciente y unificado en tu conciencia. Ahora estás usando simplemente el termino «conciencia», pero en esa etapa podrás de hecho ver y sentir lo que es la conciencia. Podrás ver en cada momento un rayo divino de luz, la luz todo-abarcadora dentro de ti, la cual te ha unido con el Altísimo. En esta etapa de la meditación tú eres el eslabón entre el Cielo y la Tierra.

La tercera y más alta etapa de la meditación es la meditación trascendental. En esta etapa podrás sentirte o verte a la vez como el meditador y la meditación misma. En esta etapa se unen el observador y lo observado. Esto sucede solamente en la más alta Conciencia Trascendental, cuando vas más allá de la danza de la naturaleza, la cual significa tentación, frustración, ansiedad, miedo, envidia, fracaso, etcétera. Pero esto no significa que en la meditación común no puedas entrar en tu meditación más elevada. Puedes, pero solamente tu corazón y tu alma disfrutarán de la más profunda meditación; el físico, el vital y la mente no podrán disfrutar en ese momento de la meditación más profunda. Por eso es llamada común.

P. Una vez, durante la meditación, sentí que mi alma salió del cuerpo.

R. El alma puede salir del cuerpo durante la meditación. En algunos casos el alma surge tan poderosamente que la conciencia física se va o bien queda sumergida o totalmente iluminada y transformada por la luz del alma.

P. A veces, al meditar, siento que mi cuerpo se está moviendo rítmicamente, pero cuando abro los ojos veo que no me estoy moviendo nada.

R. El movimiento que sientes es en el mundo interno, en tu cuerpo sutil. Esa realidad no se ha manifestado todavía en el físico, ni tampoco necesita hacerlo. Si sientes que estás volando mientras meditas, no tienes que manifestar ese movimiento en el plano físico.

Pero si sientes paz abundante dentro de ti, debes tratar inmediatamente de manifestarla en tus ojos, en tu conciencia física. Aquí en la Tierra muy pocas personas tienen paz. Cuando traes paz al mundo externo y la manifiestas, estás resolviendo los problemas del mundo entero. El mundo necesita paz, el mundo necesita amor, el mundo necesita todas las cualidades divinas. Tu meta es ver y sentir la paz, la luz y el deleite y llevarlas a un primer plano en tu vida externa. Al manifestar estas cualidades divinas, puedes servir a la humanidad y colmar a Dios.

P. Cuando medito, me siento muy fuerte interiormente y muy suave exteriormente. Pero al profundizar más, comienzo a expandirme. ¿Qué significa esto?

R. Eso es excelente. Te sientes fuerte en tu interior porque estás trayendo paz, luz y deleite divinos a tu sistema. Mientras más consciente y devotamente traigas de lo alto estas fuerzas divinas, más fuerte serás internamente. Y estas bendiciones de lo alto te están ayudando a expandir tu conciencia. Externamente te sientes suave, pero de hecho no es suavidad. Son la paz interna y la confianza interna, que crecen en tu ser externo. Cuando tienes fuerza interna sin límites, no tienes que demostrarla externamente. No tienes que apretar los puños. Estás relajado porque tu fortaleza interna te ha dado confianza. Eres como un héroe divino. Sabes que en cualquier momento puedes derrotar a tu enemigo o superar cualquier obstáculo, de manera que estás relajado externamente.

❀ *No hay nada más poderoso que la paz.*

P. A veces, después de la meditación, los objetos que toco no me parecen sólidos sino fluidos. ¿Qué significa esto?

R. De hecho, no pierden su estado sólido. Después de una meditación profunda, cuando tocas una pared o algún otro objeto sólido, si sientes que es suave y que lo puedes penetrar, es porque tu conciencia se ha identificado con la conciencia de tus alrededores. Cuando sales de una meditación profunda y tocas algo, puedes sentir tu propia conciencia en ese objeto. El objeto sólido te ha aceptado y te ha abrazado; ha abierto la puerta de su corazón para ser uno contigo.

Cuando toco a alguien desde mi conciencia más elevada, quizás esa persona no esté en su conciencia más elevada. Puede ser que su mente esté rondando aquí y allá. Pero si me identifico conscientemente con esa persona, puedo inmediatamente entrar y ser uno con su conciencia.

P. Cuando medito, entro en el mundo interno y veo a veces cosas que algunos meses más tarde se materializan en el mundo externo. ¿Debo tratar de trascender esto?

R. Lo que estás haciendo es entrar en el mundo de las almas. No tienes que tratar de trascender esto; no es necesario. Sin embargo, tienes que ser consciente de si estás o no clamando para saber estas cosas. Si meditas para saber lo que va a pasar en el futuro, entonces sí tienes que trascenderlo. Si dices durante la meditación: «Oh Dios, dime lo que le va a pasar a mi esposo o a mi hijo», esto es un error. Pero si sólo intentas ir dentro de ti para tener una meditación profunda, entonces puedo decir que Dios quiere enseñarte estas cosas para un propósito divino. En ese caso no debes tratar de trascender estas experiencias porque es la Voluntad de Dios la que estás colmando, y no tu propio deseo.

P. Cuando medito, veo interna y externamente que todo está vivo y tiene millones de diseños. Veo algo así como una presencia viva en todo. ¿Podría usted comentar acerca de esto?

R. Dios está dentro de todo. Y donde Dios está presente la vida ha de estar presente. Donde hay vida, está Dios y donde está Dios, hay vida. Ves muchas variedades dentro de una cosa. El Uno se expresa en muchas formas y patrones. Cuando miras un loto ves una flor, pero se expresa o se manifiesta con muchos pétalos, hojas, tallo y otras partes. En un loto ves la manifestación de la unidad a través de varias formas. Tocas una parte del loto, por ejemplo, una hoja y dices: «Esto es el loto». Luego tocas el tallo y dices nuevamente: «Esto es el loto». Dios está en todas las partes de la flor; por eso sientes que cada parte es un todo. Dios está presente dondequiera que hay vida. Dios es infinito en Su expresión. Es infinito en Su manifestación.

P. A veces, durante la meditación, siento que mi corazón físico se detiene algunos segundos. Esto me asusta.

R. Cuando sientes que tu corazón físico se detiene, es una experiencia muy buena. Pero no debes tener miedo; no morirás. Esto significa que lo físico en ti se ha entregado totalmente a lo espiritual en ti. Muchos Maestros espirituales, para poder entrar en las regiones más altas durante la meditación, han parado conscientemente el latido de su corazón. Pero solamente los Yogis y los Maestros espirituales pueden hacer esto a voluntad. Debido a Su Compasión infinita, Dios te ha dado una visión de esta experiencia. Deberías estar muy feliz. Cuando seas un Yogi, dependerá de ti si quieres o no parar el latido de tu corazón durante la meditación. Esto significa que lo físico ha cesado completamente y lo espiritual reina supremo. En ese momento no te hace falta lo físico.

P. Cuando estoy meditando siento mi cabeza expandiéndose y siento que algo está golpeándome en la coronilla.

R. Dos cosas aparentemente contradictorias están sucediendo. Por un lado sientes que tu cabeza se está expandiendo. Ésta es la conciencia purificada que se está expandiendo en tu mente. Por otro lado, tu conciencia impura está tratando de hacer descender la luz de lo alto a la fuerza. Cuando lo hace, sientes una intensa presión.

Cuando las fuerzas puras dentro de nosotros quieren traer algo de lo alto, no hay presión. Cuando nuestra pequeña divinidad mira hacia arriba e invita a la divinidad más elevada a que entre, ve su unidad con lo Altísimo. Es como un niño que ve a su padre. El niño no tiene miedo, porque sabe que es su propio padre. Le llama y su padre acude. Pero si invita al padre de otra persona, es posible que tenga miedo de él. Puede temer que ese hombre muestre una cara enfadada y le diga: «¿Por qué me has llamado?» Debido a que esa persona no le es familiar, el niño experimenta una especie de incomodidad y miedo.

De la misma manera, cuando la mente impura invita a la divinidad más elevada a descender, la divinidad está dispuesta a venir, pero la mente impura tiene miedo. Piensa que será aplastada. No siente ninguna familiaridad. Pero lo divino en nosotros sí siente familiaridad cuando ve la divinidad altísima descendiendo. Es lo no divino en nosotros quien teme a lo divino, aunque a veces desea verlo. Esto nos hace sentir incómodos, y nos produce una severa presión en la cabeza.

Capítulo 20

EL SAMADHI: LA CUMBRE DE LA CONCIENCIA DIVINA

🌸 *Más allá de los problemas de la vida, mi alma es un pájaro de fuego volando en el infinito.*

¿Qué es el samadhi?

El samadhi es un estado elevado de conciencia espiritual. Hay varios tipos de samadhi. Entre los samadhis menores, el savikalpa samadhi es el más elevado. Más allá del savikalpa está el nirvikalpa samadhi, pero hay un gran abismo entre estos dos: son radicalmente distintos. Además, hay algo más allá del nirvikalpa samadhi llamado sahaja samadhi.

En el savikalpa samadhi, uno pierde toda conciencia humana durante un corto período de tiempo. En este estado el concepto del tiempo y el espacio es totalmente diferente. Durante una hora o dos estás completamente en otro mundo. Ahí ves que casi todo está hecho. Aquí en este mundo hay muchos deseos todavía insatisfechos en

237

ti y en los demás. Hay millones de deseos sin cumplir y millones de cosas que hacer. Pero cuando estás en el savikalpa samadhi, ves que prácticamente todo está hecho; no tienes nada que hacer. Eres solamente un instrumento. Si eres utilizado, tanto mejor; de lo contrario, todo está hecho. Pero del savikalpa samadhi todos tienen que regresar a la conciencia ordinaria.

Incluso dentro del savikalpa samadhi hay grados. Al igual que hay estudiantes brillantes y estudiantes mediocres en la misma clase de la escuela, en el savikalpa samadhi algunos aspirantes llegan al grado más alto, mientras que otros con menos aspiración llegan a un peldaño más bajo de la escalera, donde todo no es tan vívido y tan claro como en el plano superior.

En el savikalpa samadhi hay pensamientos e ideas que proceden de diferentes lugares, pero no te afectan. Mientras estás meditando, permaneces imperturbable y tu ser interno funciona de una manera dinámica y confiada. Pero cuando vayas un poco más arriba, cuando te hayas hecho uno con tu alma en el nirvikalpa samadhi, no habrá pensamientos ni ideas en absoluto. Estoy intentando explicarlo en palabras, pero la conciencia del nirvikalpa samadhi jamás puede ser expresada o explicada apropiadamente. Estoy intentando explicártelo lo mejor que puedo desde un estado de conciencia muy elevado, pero aún así mi mente lo está expresando. En el nirvikalpa samadhi no hay mente; sólo hay paz y deleite infinitos. Ahí termina la danza de la naturaleza, y el conocedor y lo conocido se vuelven uno. Disfrutas un éxtasis supremamente divino, todo abarcador y auto-amoroso. Te conviertes en el objeto del gozo, en el que lo disfruta y en el disfrute mismo.

Cuando entras en el nirvikalpa samadhi, lo primero que sientes es que tu corazón es más grande que el universo mismo. Normalmente, ves el mundo a tu alrededor y el

universo parece ser infinitamente más grande que tú. Pero esto es porque el mundo y el universo son percibidos por la mente limitada. Cuando estás en nirvikalpa samadhi, ves el universo como un punto pequeño dentro de tu inmenso corazón. En el nirvikalpa samadhi hay un arrobamiento. Ésta es una palabra vaga para la mayoría de las personas. Se dice que hay algo llamado arrobamiento, y algunas personas dicen que lo han experimentado, pero la mayoría no tienen conocimiento directo de ello. Cuando entras en el nirvikalpa samadhi, sin embargo, no sólo sientes el arrobamiento, sino que creces y te conviertes en ello.

La tercera cosa que sientes en el nirvikalpa samadhi es poder. El poder acumulado de todos los ocultistas no es nada en comparación con el poder que tienes en el nirvikalpa samadhi. Pero el poder que puedes tomar del samadhi para utilizarlo en la Tierra es infinitesimal comparado con su totalidad.

El nirvikalpa samadhi es el estado más elevado que alcanzan la mayoría de los Maestros. Dura unas horas o varios días y luego uno tiene que descender. Cuando uno desciende, ¿qué ocurre? Muy a menudo se olvida el propio nombre y la edad; no se puede pensar o hablar apropiadamente. Pero a través de la práctica continua, uno es capaz gradualmente de bajar del nirvikalpa samadhi y comenzar a funcionar inmediatamente de una manera normal.

Generalmente, cuando uno entra en el nirvikalpa samadhi, no quiere volver de nuevo al mundo. Si uno permanece en ese estado dieciocho o veinte días, hay una posibilidad muy grande de que el alma abandone el cuerpo para siempre. Hubo Maestros espirituales en la antigüedad que alcanzaron el nirvikalpa samadhi y no regresaron. Lograron su samadhi más elevado, pero les fue imposible entrar nuevamente en la conciencia terrestre y trabajar como seres humanos. Uno no puede funcionar en el mundo en ese estado de conciencia; es simplemente imposible. Pero hay una compensación divina. Si el Supremo quiere que un alma en particular trabaje aquí en la Tierra, aun después de veintiún o veintidós días de samadhi, el Supremo puede llevar a esa persona a otro canal de conciencia dinámica y divina y hacer que regrese al plano terrestre para actuar.

El sahaja samadhi es con mucho el samadhi más elevado. En éste, uno está en la conciencia más elevada, pero al mismo tiempo puede trabajar en el denso mundo físico. Se mantiene la experiencia del nirvikalpa samadhi mientras se entra simultáneamente en actividades terrenales. Uno se ha convertido en el alma y a la vez está utilizando el cuerpo como un instrumento perfecto. En el sahaja samadhi se hacen las cosas habituales que un ser humano normal hace. Pero en las profundidades del corazón, uno está recargado con la iluminación divina. Cuando se tiene el sahaja samadhi, uno se convierte en el Amo y Señor de la Realidad. Se puede ir a voluntad al Altísimo y luego descender a la conciencia terrenal para manifestarLe.

Aun después de haber logrado el más alto tipo de realización, es muy raro que alguien sea bendecido con el sahaja samadhi. Muy pocos Maestros espirituales han logrado este estado. Para el sahaja samadhi se requiere la Gracia Infinita del Supremo. El sahaja samadhi se adquiere solamente cuando alguien ha establecido una unidad inseparable con el Supremo o cuando quiere demostrar, en raras ocasiones, que él es el Supremo. Aquel que ha alcanzado el sahaja samadhi y permanece en este samadhi, manifiesta a Dios consciente y perfectamente en cada segundo y es por tanto el mayor orgullo del Supremo Trascendental.

Preguntas y respuestas

P. En el estado de samadhi más elevado, cuando usted mira a otros seres humanos, ¿qué tipo de conciencia siente en ellos?

R. Cuando uno está en el samadhi trascendental más elevado, la personalidad física de los demás desaparece. No vemos a otros como seres humanos. Vemos solamente un flujo de conciencia, como un río entrando en el océano. Aquel que está en altísimo trance se convierte en el océano y el que se halla en un estado inferior de conciencia es el río. El río fluye hacia el mar y se funde con él. Aquel que está disfrutando el más elevado samadhi no nota ninguna individualidad o personalidad en los demás. Un ser humano que no esté en este estado es como un río de conciencia que fluye, mientras que quien está en samadhi se ha convertido en el mar mismo, el mar de la paz y la luz.

P. ¿Enseña usted a sus discípulos alguna técnica específica para lograr el samadhi?

R. No. El samadhi es un estado muy elevado de conciencia. Si el principiante viene al jardín de infancia y le pregunta al maestro cómo puede estudiar para su Licenciatura, el maestro simplemente se reirá. Le dirá: «¿Cómo puedo explicártelo?» Antes de estar preparados para intentar alcanzar el samadhi, tenemos que pasar por muchas, muchas experiencias espirituales internas. Finalmente, llega el momento en que el Maestro ve que el estudiante está listo para entrar en el savikalpa samadhi. En este momento el nirvikalpa samadhi no está al alcance de los aspirantes. Se tiene que ser un aspirante muy avanzado antes de pensar siquiera en lograr el savikalpa samadhi. El nirvikalpa samadhi se obtiene solamente en la mente en la etapa más alta de la aspiración. Estoy muy orgulloso de mis discípulos. Son muy sinceros, devotos, y están progresando muy rápido. Para todos los buscadores, quiero decir que la escalera espiritual tiene bastantes peldaños. Tenemos que ascender paso a paso. El Nirvikalpa samadhi, en este momento, es un sueño lejano para mis discípulos y para la gran mayoría de buscadores espirituales en la Tierra.

P. ¿Podría comentar sobre la diferencia entre experiencia y realización en la vida espiritual?

R. La diferencia es que una persona realizada puede decir: «Yo y mi padre somos uno», o «Dios y yo, somos uno», mientras que un aspirante que ha tenido muchas experiencias, puede solamente sentir que está, lenta pero inevitablemente creciendo hacia la realización de Dios. La unidad consciente con lo Altísimo, es lo que se llama realización. Pero si solamente conseguimos un vislumbre de la Verdad más elevada, esta experiencia es infinitamente inferior a la realización. La experiencia nos dice lo que finalmente llegaremos a ser. La realización nos hace conscientes de lo que verdaderamente somos: absolutamente uno con Dios, para siempre, a través de la Eternidad.

ACERCA DE SRI CHINMOY

Sri Chinmoy es un maestro espiritual plenamente realizado, dedicado a inspirar y servir a quienes buscan un significado más profundo en la vida. Por medio de la enseñanza de la meditación, la música, la pintura, la poesía, el deporte, la literatura, y su propia vida consagrada incansablemente al servicio de la humanidad, nos ayuda a encontrar la paz interior y a desarrollar el potencial ilimitado del espíritu humano.

Nacido en Bengala el año 1931, su familia se trasladó a un ashram (comunidad espiritual) cuando él tenía 12 años. Su vida de intensa práctica espiritual consistía en meditar hasta catorce horas diarias. Además, escribía, componía cantos devocionales y llegó a ser un gran atleta. En su temprana adolescencia tuvo muchas y profundas experiencias internas, alcanzando lo que, buscadores espirituales de todos los tiempos, han aspirado y siempre aspirarán a alcanzar: la auto-realización, o realización de Dios.

Después de veinte años en el ashram, profundizando y expandiendo su realización, se trasladó a Nueva York en 1964, siguiendo la petición divina de compartir su riqueza interior con los buscadores sinceros.

Hoy, Sri Chinmoy sirve de guía espiritual a alumnos en unos trescientos centros de alrededor del mundo. Enseña el

«Camino del corazón» como la manera más sencilla y rápida de progreso espiritual. Meditando en el corazón espiritual, podemos descubrir nuestros secretos internos de paz, alegría, luz y amor. Para Sri Chinmoy, el papel de un maestro espiritual es el de ayudarnos a vivir de modo que nuestra propia riqueza interior pueda iluminar nuestras vidas. A cambio, pide a sus estudiantes que mediten con perseverancia y procuren alimentar las cualidades internas que despierta en ellos.

Sri Chinmoy enseña que el amor es el camino más directo para acercarse al Supremo. Cuando un niño ama a su padre, no le importa cuán grande sea su padre a los ojos del mundo; a través de su amor, el niño siente unidad con su padre y las posesiones de su padre. Esta misma aproximación, aplicada al Supremo, permite al buscador sentir que, el Supremo y Su Eternidad, Infinitud e Inmortalidad, son sus propias posesiones. Sri Chinmoy siente que esta filosofía del amor expresa el más profundo lazo entre el hombre y Dios, que son aspectos de la misma conciencia unificada. En el juego de la vida, el hombre se completa a sí mismo en el Supremo, al realizar que Dios es la existencia más elevada del propio hombre. El Supremo se revela a sí mismo a través del hombre, que le sirve de instrumento de transformación y perfeccionamiento del mundo.

El camino de Sri Chinmoy no acaba en la realización. Una vez que realizamos lo más elevado, aún es necesario manifestar esta realidad en el mundo que nos rodea. En sus propias palabras «trepar a un árbol de mangos está muy bien, pero no es bastante. Hay que descender de nuevo para repartir los mangos y hacer que el mundo sea consciente de su significado. Hasta que no hagamos eso, nuestra misión no estará realizada completamente, y Dios no estará satisfecho o colmado».

Al estilo tradicional indio, Sri Chinmoy no cobra nada por su guía espiritual, ni por sus frecuentes conciertos, meditaciones y conferencias. Su única gratificación, dice, es el sincero clamor interno del buscador y, cuando le acepta como discípulo, toma responsabilidad plena por el progreso interior del buscador.

Como parte de su ofrecimiento altruista a la humanidad, Sri Chinmoy dirige meditaciones semanales por la paz en la sede de las Naciones Unidas, para sus embajadores y personal. En sus esfuerzos incesantes por promover la armonía alrededor del mundo, ha tenido conmovedores encuentros sobre la paz, con jefes de Estado, líderes religiosos y personalidades de diferentes áreas, como Mikael Gorvachov, Juan Pablo II, Madre Teresa, Václav Havel, Carl Lewis, Leonard Bernstein y Pablo Casals. Por su parte, líderes y personalidades le han otorgado diferentes premios, proclamaciones y títulos honorarios por las diversas maneras en que ha enriquecido las vidas de los demás: el Premio Ghandi de la paz, la Medalla de la Paz de UNESCO, y los títulos de Embajador de Paz y Primer Hombre Global del siglo xx

Sri Chinmoy lleva una vida activa, demostrando que la espiritualidad no consiste en una huida del mundo, sino en un medio para transformarlo. Ha publicado ya más de mil libros, que incluyen poesía, ensayo, teatro, narración, y respuestas a cuestiones sobre espiritualidad. Ha compuesto hasta la fecha más de trece mil canciones que exploran lo largo y ancho de la búsqueda espiritual, y ha ofrecido cientos de conciertos de Paz en los que interpreta con docenas de instrumentos distintos, entre ellos la flauta, harmonio, esraj, cello, piano y órgano. En el campo de la pintura, sus también miles de obras en acrílico y acuarela, que él llama «Jharna-Kala» (Fuente de Arte), se exponen en salas de todo el mundo. Su último trabajo es una serie de dibujos titulada «Cuatro millones de pájaros-Sueño de Paz y Libertad».

Sri Chinmoy defiende el atletismo para estar en forma física y como medio para descubrir el propio potencial interior. Es un ávido jugador de tenis, esprinter, recordman de levantamiento de pesos y ha completado veintiún maratones.

En 1987 fundó la Carrera por la Paz «Sri Chinmoy Oneness-Home Peace Run». Un relevo que recorre cada dos años más de setenta países de los cinco continentes, pasando una antorcha de la Paz de mano en mano, de corazón a corazón. La Carrera por la Paz ha unido a millones de personas en el espíritu de la paz y su objetivo es avivar la amistad, la armonía y la cooperación entre personas de diferentes culturas, procedencias y creencias.

Para más información escriba a:
Apartado 9539
08080 Barcelona.